沭水春秋

沭阳县志办公室　编

方志出版社

图书在版编目(CIP)数据

沭水春秋 / 沭阳县志办公室编. -- 北京 : 方志出版社,2015.7

ISBN 978-7-5144-1645-9

Ⅰ.①沭… Ⅱ.①沭… Ⅲ.①沭阳县—概况 Ⅳ.①K925.34

中国版本图书馆 CIP 数据核字(2015)第 166481 号

沭水春秋

编　　者:沭阳县志办公室
责任编辑:刘方圆

出 版 人:冀祥德
出 版 者:方志出版社
地址　北京市朝阳区潘家园东里 9 号(国家方志馆 4 层)
邮编　100021
网址　http://www.fzph.org
发　　行:方志出版社发行中心
电话(010)67110500
经　　销:各地新华书店
印　　刷:南京海兴印务有限公司

开　　本:889×1194　1/16
印　　张:16
字　　数:356 千字
版　　次:2015 年 7 月第 1 版　2015 年 7 月第 1 次印刷
印　　数:0001～1000 册

ISBN 978-7-5144-1645-9　定价:68.00 元

《沭水春秋》编委会

目　录

沭河流域概览

沭河沿岸市县区概述

沭河艺文辑存

沭河流域概览

沭河水系述要

静立沭河边，回望沭河变迁，观沭水扬波，五彩缤纷的沭河画面展示在世人面前。

沭河流域南北较长，东西狭窄。北以沂山与潍河流域分水，南至新沂河北堤，西与沂河流域为邻，东以莒县低山丘陵及马陵山等山丘与滨海诸河为界。流域面积 9250 平方公里，其中大官庄以上 4519 平方公里，大官庄以下老沭河（江苏亦称总沭河）1881 平方公里（包括总干排及分沂入沭水道 256 平方公里），新沭河 2850 平方公里。行政区划包括山东省临沂地区和江苏省徐州市、连云港市、宿迁市的沂水、莒县、莒南、临沂、临沭、郯城、新沂、东海、沭阳、赣榆等县（市）。

沭河古称沭水，原为入淮支流。因黄河改道，入淮通道淤塞，尾闾在沭阳和东海等县境内游荡，与沂河尾闾串通，从临洪口、埒子口及灌河口入海。1949 年，山东省和苏北行署分别实施"导沭整沂""导沂整沭"工程后，在临沭县大官庄北，建沭河拦河坝和胜利堰；向东开挖一条经沙河入海河道；南支汇入新沂河，大官庄向南一支称老沭河。

沭河发源于沂山贯麓，南流至大官庄。全长 196.3 公里。主要支流有（流域面积大于 100 平方公里，下同）10 条，多分布于左岸丘陵山区，是全流域洪水的主要来源。

新沭河由大官庄自沭河左岸分水向东，经新沭河泄洪闸东流入石梁河水库。出库后继续东流，至临洪口入海。全长 80 公里（山东境内 20 公里），主要支流有 5 条。新沭河承泄沭河大部分区间全部来水;分沂入沭水道调尾后,还承泄沂河部分洪水,是沂、沭河洪水东调入海的主要河道。

老沭河自大官庄过胜利堰南流,在堰下1.64公里处分沂入沭水道(尚未调尾)从右岸汇入,在红花埠南入江苏境,至新沂县口头入新沂河。全长103.66公里(江苏境内47公里),有支流601条。

在实施“导沭整沂”“导沂整沭”工程之后,又根据1954年、1957年、1971年及1984年流域规划要求,分期进行大规模治理,除开挖新沭河及调整水系外,共建成大、中型水库7座,小型小库468座,大、中型水闸4座,修复和加固干流堤防近500公里。大大提高了河道的抗洪能力,减轻了本地区的洪涝灾害。

古老的沭河,奔流不息,激越灵秀,温柔纯洁的沭河造福了沭河两岸的人民。中华人民共和国成立后,在历代水利工程的基础上,党和政府领导广大人民群众根治沭河,不断维修加固,变水害为水利,提高堤岸防洪除涝的标准,增强抗御自然灾害的能力,扩大沭河水资源的开发利用,尤其是“导沂整沭”工程,兴建沭河沿岸的配套设施,使行洪入海能力大大提高。

沭河跨越苏鲁两省,千百年来,在华夏文明的形成和发展历程中,曾做出过卓越的贡献,如今的沭河流域山明水秀,经济发展,文化繁荣,美丽富饶,形成了沭河独特的水脉、人脉优势,正展示实现中国梦的美好前景。

沭河上游段(源头至莒县城)

沭河自源头至莒县城全长88.9公里,其中80公里穿行于山谷间,莒城北9公里始有不连续堤防,且多是沙堤。

1.沭河源头

沭河上源在沂水县劈理石村以上有东西两源自北至村南合流。东源为寺峪河,长8.8公里;西源为石槽峪河,长11.2公里。西源石槽峪河是主源,源出泰薄顶南麓,河谷建有水池以汇聚众泉之水。水西南流经第一村为石槽峪村,以河谷皆石,石大如牛,泉水穿流于石间故名,至上流庄又折向东南,有石泉峪河、辉泉峪河汇入。寺峪河源自泰薄顶东侧的老婆山东麓。泰薄顶与老婆山两峰相连处称垭口,又称风口,可眺玉皇顶。西南至劈理石村南与西源相汇。东西两源汇流后称沭河。

沂泰奇峰 泰薄顶海拔961.1米,在沂山主峰玉皇顶(海拔1031米)之南,直线相距2公里。沂山玉皇顶周围屹立着不同姿态的奇峰29座。玉皇顶在沂水临朐两县交界北侧。沂山山脉西南连接蒙山山脉,构成沂蒙山脉。两山脉周围200公里。泗、弥、汶水源自其西、北麓,沂水和沭水源自其南麓。沂山和蒙山一样,都是历代帝王祭祀的大山。汉武帝曾立祠于沂山祭祀。隋文帝曾诏祠名山大川,以沂山为东镇。沂山在沭河源头绵延约50公里的山脊上有战国时代齐长城遗址。马站镇北的穆陵关是齐长城的南大门。齐长城残余遗址尚存,高仅1米许。今沭河源头有面积3000多公顷的沂山林场,种植刺槐、马尾松为主,森林覆盖率达90%。

1949年以前，沭河源头水土流失严重。中华人民共和国成立后，沂水县人民对其进行不断治理。1953年秋，中华人民共和国第一任水利部部长傅作义亲自至沭河源头视察水土保持工程，对这里水保工作有很大促进。合流口以下有张马河汇入。张马河入汇口的崖庄村，1957年7月6日至7日降雨量为208.9毫米，为沭河源头降雨量最高纪录。张马河长10.6公里，上源有淮河水利委员会重点治理的张马小流域。

张马小流域综合治理 张马小流域是水利部淮河水利委员会自1983年起，用5年时间在淮河流域进行第一批8个小流域综合治理试点中的一个。张马小流域位于沂水县的沭河东源张马河上，总面积28.73平方公里。流域北部以齐长城为界与临朐县相邻。治理前这里植被毁坏、水土流失严重。5年治理主要修建了沟道、田间和生物三大防护工程体系。沟道上是建谷坊、拦沙坝、蓄水塘坝和小水库。田间工程是坡田改梯田，建水平梯田和石渠。生物工程主要是营造新防护林和草地。通过治理，有效地控制了水土流失，促进了当地经济发展，增加了农民收入。

寺峪河、石槽峪河、张马河汇流向东南，入沙沟大型水库。

沙沟水库 沙沟水库以其东岸有沙沟镇而得名。该水库建于1958年10月至1959年11月，总库容1.02亿立方米，集雨面积达163平方公里，设计灌溉面积8000公顷，年发电量144万千瓦时。现水库经除险加固已达“千年一遇”防洪标准，若是“百年一遇”洪水可削减洪峰63%。

双崮奇观 沙沟水库西北长11公里的清河水源头的双崮是沂山29座奇峰之一，两崮东西对峙，叠秀直耸，中有万丈深谷隔开，被古人叹为“天阙”。两崮各以形态得名，一为狮子崮，一为歪头崮。狮子崮峭石嶙峋，犹如狮怒毛耸，跃然欲起。歪头崮犹如巨人昂首天外，上有清人石刻“人世蓬莱”四个大字。再上，经石庙可达峰顶。顶上有碧霞宫古庙,宫旁有巨石,可观日出。1942 年冬天,中共山东军区机关及其特务营于双崮山被日本侵略军包围,但日本侵略军始终没有攻上山顶。待到天黑,我军凭借地势得以安全转移。这次突围共歼敌 500 余人,我军也有较大伤亡。双崮山下有一条溪涧向东南流,经潘池乡东南,流入清水河,汇入沙沟水库。

沭河自沙沟水库向东南流,经《春秋》所记述的邳乡。

古邳乡多山洪灾害 邳乡西有浮来山,鲁公与莒子曾会于浮来,故又称公来山。邳乡和浮来又称邳来之间。上古村、下古村可能是其遗址。沭河东南流,即《水经注》所记的经古邳乡南。古邳乡有城,《水经注》说"城有三面而不周于南,俗谓之半城",今遗址难寻。所谓半城即是南墙,已为水冲毁。因为这里山高流急,极易冲毁农田村庄。1931 年,洪水势如奔马,越出河槽,将河南岸的沭水村吞没,倒房 2000 余间,淹死、漂没居民 320 余人。自上游建沙沟水库后就再没有发生大的山洪灾害了。

沭河再向东南有马站河汇入。

2.马站河

马站河即《水经注》所记的岘水,"岘水北出大岘山,东南流,经邳乡东,东南注于沭水"。今马站河源自沂水、临朐两县交界的大岘山,即今石屋村东北。也许是地理条件的因素,源自大岘山南麓的马站河,与源自大岘山北麓的汶河上源相距很近。这与东西崇山峻岭相比,马站河和汶河源头峡谷构成南北通道,虽是"处处狭隘,车不得方轨",但自古就成为跨越沂山唯一的山道。今天的新沂至青州公路也由关顶村经过。古穆陵关就控扼在这里。

齐南天险穆陵关 穆陵关位于沂山主峰东南侧,四周峰峦高耸,山谷狭窄。古人依山立关,四向险要,素有"齐南天险"之称。穆陵关历史悠久,早在公元前 656 年就闻名于诸侯。齐桓公伐蔡攻楚，楚成王派人问是什么缘故，管仲回答：周先王赐我齐国先君，东到大海，西到黄河，南至穆陵，北及无棣。今我先君王侯九伯都可以征伐，以辅助王室。管仲所说的穆陵就是穆陵关。战国时齐宣王为御楚，曾在穆陵关两侧修筑长城约45公里，后又增到500公里。作为“齐南天险”的穆陵关在古代战争中发挥过显著的作用。今关顶村尚存有高3至5米的古长城遗址，还有明清两代记载穆陵关的碑石。

刘裕过关灭南燕　公元409年，东晋大将刘裕北伐，远征南燕。南燕王慕容超不听大臣们固守穆陵关的良策，而是异想天开地想在大岘山以北的平坦地带，发挥自己的骑兵优势，消灭刘裕大军。东晋刘裕在北伐途中虽然能推测南燕军不会固守穆陵关，但仍放心不下。他曾登东莞城，北望大岘山而犯难。直到越过大岘山，仍不见燕军，刘裕才松了一口气，不禁喜形于色，举手指天曰：“兵已过险，士有必死之志；余粮栖亩，人无匮乏之忧，虏已入吾之掌中矣！”果然在这次北伐中很快消灭了南燕。

北魏不据关而败　公元423年，北魏主将叔孙建攻东阳(今益都东)，刘宋主将檀道济来救，两军对峙，叔孙建不能敌，刁雍劝叔孙建退守大岘山穆陵关以南，据险邀击檀道济，一定能击破宋军。叔孙建未听刁雍之言，最后为檀道济击败而逃。

杨妙真据关抗金兵　公元1214年秋天，山东农民组织红袄军纷纷起而反金。杨安儿、杨妙真兄妹据盖都起义。杨妙真在其兄牺牲后率红袄军经穆陵关南下，占据马鬐山结草为营，不久与李全率领的红袄军合并。公元1218年，接受南宋朝廷招安，以穆陵关为据点，收复青、密、海、莒等12州，并扼穆陵关以拒金。明清时代，均在穆陵关驻重兵守备。可见穆陵关在古代冷兵器时代均为南北防守要地。

马站河南流，经马站镇，马站是古代过关换马之地。这里就是古邳乡之东。马站河再向南流汇入沭河。马站河全长 21.5 公里，流域面积 126 平方公里。沭河于马站河口东南流，经徐家荣仁村东。东汉建安三年(公元 198 年)，曹操挟天子以令诸侯，为控制北方和防止农民起义，加强地方行政统治，于沂蒙山南增设利成、东莞、东安、城阳 4 郡，其中东莞郡就治于今徐家荣仁村一带。西晋时，东莞郡又移置于今沂水县。

沭河向南进入莒县界，有长 21 公里的珠龙河、长 14 公里的道托河自右岸汇入，再南有秀珍河自左岸汇入。

3. 秀珍河

秀珍河即《水经注》所说的箕山河。箕山河源自箕山。今秀珍河源自鸡叫山西凤鸣村，南流经水牛村、南仉村、天宝村、大朱汉村入沭河。秀珍河上游的杨庄镇北的鸡叫山即是箕山演变的名称。

杨庄小流域综合治理　杨庄小流域是水利部淮河水利委员会第二批 13 个小流域综合治理试点之一，位于沭河支流秀珍河上游的沂水县杨庄乡，总面积 28.75 平方公里。自 1988 年被列入治理试点到 1993 年，已进行三大工程建设：沟道工程建有谷坊塘坝千余处；坡面工程主要是挖鱼鳞坑，建水平阶、水平梯田和坡地改田；植被工程主要是在山顶陡坡营造林木，在沟坡和侵蚀严重地带营造林草防护带等。经过治理，流域内生态环境有较大改善，基本农田由人均 2000 平方米增加到 4700 平方米；农、林、牧、副、渔业得到协调发展；农民人均经济收入比治理前提高 3 倍。

箕国·箕县寻古　距杨庄不远的莒县北大沈庄为西汉箕侯国治，其北就是箕山。而西汉箕侯国源于古箕(“箕”原结构为上己下其)国。《集韵》说：“箕，古国名。”据今人王献唐考证，在西汉箕县境内确有一个古箕国。据《沂蒙简史》说，箕国在殷周时代就是一个文化比较发达的国家。远在殷商武丁时期(公元前 1250 年至前

1192年),箕国国君矣就在王室为官,直至祖庚、祖甲时期又兼任占卜的史官。矣的后代有的为商臣直至商亡,有的在箕国统治绵延不断。周朝的箕国,从出土的铜器记载的箕国与周天子通婚的情况看,周代的箕国可能是个侯国。箕国和莒国大约于战国时期的公元前431年被楚国灭亡。箕国存于世约1000年。箕侯故城约在今大沈庄。经考证,古箕国有2个。河南杞县古箕国为姒姓箕国,箕、杞是古今异体字,为禹之后。现代著名古史学家董作宾认为"杞侯在殷商武丁"时期作杞,到帝辛时作箕。郭沫若据黄县出土的铜铭"箕公壶"考证,此箕为姜姓之国。今箕山为潍河、秀珍河之源头。

秀珍河全长26公里,流域面积171平方公里。沭河自秀珍河口再南流入青峰岭大型水库。

青峰岭水库 青峰岭水库以其东有海拔189.6米的青峰岭而得名。青峰岭水库建于1959年11月至1960年7月,是一座以防洪、灌溉为主,结合发电、供水、养殖的大型水库。水库大坝为黏土心墙砂壳坝,坝长1200米,坝顶高程167米,最大坝高30.7米,水库总库容4.1亿立方米,控制流域面积770平方公里。溢洪闸9孔最大泄洪流量为5570立方米/秒,开敞式非常溢洪道长270米,最大泄洪流量1500立方米/秒,设计灌溉面积2万公顷,年均发电量204万千瓦时,遇百年一遇洪水可削减洪峰33%。

沭河自源头至青峰岭水库大坝,全长65.2公里。再南流3.6公里,有长255公里的草埠河自左岸汇入。草埠河源自莒县北,与秀珍河均为箕山诸水。

沭河自草埠河口南流经程家曲坊村西,有1966年建成的张宋拦河坝。张宋拦河坝为宽顶溢流堰,长411米,有闸22孔,洪水流量为2520立方米/秒。沭河南至郭家当门村南有洛河自右岸汇入。洛河源自安庄乡西北与沂水县交界处的油坊村西,向东南流,右岸汇入果庄乡西山区来水，于郭家当门村东入沭河，全长32.5公里，建有小型水库12座。沭河再南行，上有1965年建成的杨店子拦河坝，堰长480米，闸有27孔，设计流量为4500立方米/秒。再南行有袁公河自左岸汇入。

4. 袁公河

袁公河是沭河最大支流。袁公河源自五莲县五莲山北麓海拔619.4米的青山顶西，西南流经石木子中型水库折向西北。石木子水库建于1960年8月，总库容1230万立方米，有效灌溉面积近700公顷。袁公河出水库，有长10公里的石门河自左岸汇入，又经石场镇西进入莒县境。再曲折北流，有长19.5公里的宅科河自右岸汇入。宅科河源自五莲县葛家崖头村东，上有大绿汪水库。袁公河经桑园镇东再曲折向西北汇入小仕阳大型水库。水库以上的袁公河又叫石场河。

小仕阳水库 小仕阳水库以其西岸有小仕阳村而得名，建于1959年6月，控制流域面积281平方公里，总库容1.25亿立方米，后经多次除险加固及配套建设，已达千年一遇防洪标准，遇百年一遇洪水可削减洪峰36%。廊道式灌溉洞输水流量为14.8立方米/秒，有效灌溉面积达3000多公顷。水库大坝为黏土心墙砂壳坝，坝长960米，新建溢洪闸5孔，最大流量2432立方米/秒，老式溢洪道无控制，最大流量2688立方米/秒。

袁公河自小仕阳水库大坝以下由西北折向东南流，经招贤镇东，有长15公里的程家庄河、长19公里的道沟河先后汇入。招贤镇有元代鸡鸣寺遗址，又有鸳鸯井一口，因井水半边硬水、半边软水故名。袁公河流过道沟河口，有长32公里的大石头河汇入。大石头河源自高程656米峤子山峰北麓。峤子山山体由片麻岩、花岗岩组成，山势雄伟，有险道18盘。峤子山上有1958年7月建成的峤山中型水库，总库容 4420 万立方米，有效灌溉面积可达 2000 公顷。袁公河再西南流，至徐家城子村西入沭河。袁公河全长 62 公里，流域面积 544 平方公里，行洪能力为 1094 立方米/秒。大石头河源头山庄小流域是综合治理的试点。

山庄小流域综合治理　山庄小流域是水利部淮河水利委员会在淮河流域实施的第三批 5 个小流域综合治理试点之一，地处五莲县西南山庄乡山区，总面积 39.3 平方公里。该流域自 1992 年被列入试点，到 1998 年验收，按照县政府的统一部署，走“培植与合理利用水资源的水土保持”之路，收到良好效果。治理措施：在 25 度的陡坡上封山育林栽草，初步形成水土防护体系；在 25 度以下的丘坡地，修水平阶和梯田，发展经济林果；将原坡耕地修成水平梯田；对沟道是挖截水沟，建库、塘、坝、谷坊，解决人畜饮水困难。

沭河自袁公河口南流，左岸汇入东水店子河后，过庄科拦河坝。庄科拦河坝建于 1959 年 5 月，溢流坝长 352 米，建闸 28 孔，设计流量为 3260 立方米/秒。沭阿过坝后折向西南流 1.9 公里至莒县驻地城阳镇东。城阳镇历史悠久，今镇西北角尚存旧城垣 400 余米，是为古莒国都城。

5.莒县古今

莒国渊源　地方志说，地多产芋，地方人称芋为莒，故以莒为部落名。夏时曾称莒部落，商时属姑幕国；后姑幕国迁都于莒，遂称莒国。周初，周武王“兴灭国，继绝世”，即封少昊之后兹舆期于莒，是为子爵，嬴姓，故史称莒君为莒子，莒国为莒子国。

史料记载，莒国领土并不广阔，由于经济文化发达，因而莒子在春秋至战国初期的政坛上十分活跃。一个处于边缘的小国能长期扬名于诸侯，这与莒国君臣的活动有关。如从公元前 715 年至前 506 年的 210 年间，莒子与诸侯国结盟就达 28 次之多。为了扩张也曾伐杞、取牟娄（公元前721年），也曾取向（公元前721年）、灭邿（公元前567年），并多次伐鲁东鄙，围鲁台邑（今费县）“疆郓田”（公元前541年）。但是在弱肉强食的时代，莒国都城也曾有两次被齐攻击，两次被楚攻击。

孟姜哭倒城墙 公元前550年，齐庄公因为莒国在5年前曾与晋军一起进攻齐国而突然袭击莒国，由北向南，先进攻北部莒邑且于，遭到莒人顽强抵抗。齐庄公因大腿受伤而退却，准备第二天再战。齐军大将杞梁、华还连夜进入且于峡谷，宿于莒国郊外。在兵临城下之时，莒人派使者向他们赠送重礼，并说：“请和你们结盟吧！”齐将华还说：“贪图财物，丢弃了命令，我们还用什么侍奉君王？”和谈不成，更激起莒人抗战决心。莒子亲自登城击鼓，大大振奋了士气。莒人齐击齐军，杀死了齐国大将杞梁。齐国损兵折将，齐庄公不得不与莒国讲和，率军回齐。当齐军退至齐都郊外时，遇到杞梁妻子孟姜。齐庄公派人向孟姜吊唁。孟姜毅然辞谢：“杞梁有罪，岂敢劳君王吊唁？如果免罪，还有先人的破屋在，下妾不能在郊外接受吊唁。”于是，齐庄公不得不去杞梁家吊唁。齐庄公袭莒可谓劳民伤财，不得人心。杞梁妻子孟姜和许多战死的齐军的亲属都对齐庄公伐莒无功而返十分气愤。《列女传》中记载孟姜悲痛，向城而哭：“乐莫乐兮新相知，悲莫悲兮生别离。”情深意笃，哀感皇天，城为之堕，七日而城崩。《水经注》指的城崩是莒城。后人又从怨恨齐庄公伐莒的题材，演绎出孟姜女哭倒长城的故事来骂秦始皇，实际上是孟姜女长秦始皇300余岁。

纪鄣寡妇复仇 公元前523年，因为莒共公不能一心一意侍奉齐国，齐又进攻莒国。莒共公逃亡到莒国的纪鄣邑，纪鄣即今赣榆县东北的纪城村。齐君又派兵追至纪鄣邑。正当齐军为围纪鄣多日不能克而犯愁时，莒国的一位寡妇用自己搓成的绳子把齐军系上城，因而齐军得以攻入纪鄣。莒共公后来得知这位寡妇是因为当初他杀了她的丈夫，她寡居纪鄣，为丈夫报仇而引齐军入城的(《左传》)，后悔晚矣。

齐湣王引“狼”入莒 战国时期，莒又沦为齐地。齐湣王晚年政治腐败，国力衰弱，人心离散。燕昭王于公元前284年以乐毅为将，率五国联军，大败齐军，仅用6个月时间，连下齐都临淄等70余城。齐湣王最后只好逃到莒城。莒城、聊城和即墨是乐毅未能攻下的齐国最后三城。但齐湣王仍不能相信自己人，而是乞求楚国救援。楚国派淖齿赴莒助齐。而淖齿想与燕瓜分齐国，并于莒城杀死齐湣王。俗话说，前门拒虎，后门引狼，又无防备之心，齐湣王自食其果。

乐毅围莒不克遭陷害 由于莒城人齐心抗燕，先杀掉淖齿，后立齐襄王于莒城，乐毅攻莒3年而不能克，又曾数次遭燕国小人诬陷，幸亏燕昭王有容纳贤人的胸怀，不仅杀死进谗言的小人，又封乐毅为齐王。正当乐毅感恩戴德全力攻莒时，燕昭王死，其子燕惠王即位。但燕惠王没有其父的胸怀，加之小人不断进谗言，说乐毅有叛燕自谋立国之心。乐毅很担心，在接到燕惠王命骑劫来代替自己时，乐毅就交出兵权只身逃往赵国。乐毅居赵，心绪难平。著名的《乐毅报遗燕惠王书》就是乐毅在赵期间向燕惠王表明心迹的。乐毅的信写得情致委曲磊落，陈词激扬慷慨，虽有忧愤，亦不失忠厚仁智、情深意笃之风。这封被选入《古文观止》的书信，曾是2000多年来人们争相传颂习读的书信。既有贤君，也有勇将。乐毅知恩图报，知祸知避，可谓明智之人。乐毅与“愚忠”判若两人。

田广和韩信先后据城阳称王 战国时莒城又名城阳。秦末农民大起义，莒城又数度成为田齐庇护的后方。如公元前205年项羽攻田齐，杀田荣，田荣弟田横起兵据城阳，立田荣子田广为齐王以拒项羽。过了两年，韩信东击齐，齐国君臣往西南逃，韩信又赶到城阳俘获了田广，统一齐地。接着，韩信又导演一幕派使者向刘邦请封齐“假王”的活报剧。

刘邦收到韩信自荐为齐“假王”的报告之日，正是于荥阳被项羽率领的楚军围困之时，心绪不好的刘邦阅信后勃然大怒，骂韩信灭齐后不来相救而是乘人之危，要自立为王。当时在场的张良、陈平却暗地踩了汉王刘邦的脚，并小声警告刘邦要防韩信得不到齐“假王”之封会兵变。刘邦会其意，立即改口“大丈夫平定诸侯之乱，要什么齐‘假王’”，立即派张良传令封韩信为真“齐王”。韩信被封齐王，更坚定地同刘邦共同对付项羽。楚霸王项羽也数次派人游说韩信联手击汉，终未使韩信叛汉，直至垓下战败，楚被灭亡。由韩信导演的活报剧刚结束，刘邦又导演了一幕活报剧：心存戒备的刘邦，在垓下之战后本该是欢乐一番的，但他自垓下引兵至定陶，屯于韩信营垒不远。在全军欢腾胜利喜悦之时，他只带几个随从将领急速驰入拥有数十万大军的齐王韩信壁垒，剥夺了齐王韩信对军队的指挥权，改封韩信为楚王，移都于下邳(今古邳州)。不久，又借故罗织韩信谋反之罪杀了韩信。

莒城沿革 西汉于莒先置县，后为城阳国。汉文帝封朱虚侯刘章为城阳王。刘章的子孙多居住在城阳。大约又过了 180 多年，琅玡人攀崇等农民起义于莒县，经数年激战，发展至 10 万人，向西攻入长安，推翻了刘玄，于公元 25 年 6 月拥立原城阳王刘章后代、年仅 15 岁的放牛娃刘盆子当了皇帝，国号汉，年号建世。公元 27 年，在刘秀大军攻击下，刘盆子和赤眉军几个将领都归顺了刘秀。公元 29 年，刘秀军占领城阳。东汉初，废除城阳国，改属琅玡国，封刘秀子刘京为王，治于此。东汉末年，曹操于此置城阳郡，南北朝时曾改置为东莞郡。隋唐曾设莒州于此。

莒国故城和国士桥 莒国古城，据《水经注》记载有城 3 座。所说的“周 40 里外廓”，当是周秦时代的城址。西汉城阳王城重修时，舍弃了已经残破的外廓，建成了周 12 里的内城，就是《水经注》

所讲的中城。其所说的“唯南开一门”的小城，多数学者认为是莒国故城。这个小城于公元1341年的元至正年间改筑，所以莒城又再次缩小。今莒城西北角城子口一带，还存有周代故城长约400米、高约3米、宽约30米的城墙遗址。东南角至西南角有长300米、宽约30米、高约2米的台地，当是外城的南墙。中城西南角到东南角还有断续残垣长700米、高8.9米。莒国故城以坚固崇峻著称，故使燕军统帅乐毅围困莒城数年不能克。古莒外城为今莒城的约6倍，面积近百平方公里。莒县城中唐初修建的国士桥，据县志记载是为表彰柱厉叔的国士精神而修建的。柱厉叔为春秋时代莒国莒敖公的臣子。柱厉叔很有才智，但被莒君莒敖公所冷落。《吕氏春秋》记载柱厉叔事敖公，自以为(敖公)不知，而去居海上。夏日则食菱芡，冬日则食橡栗。莒敖公有难，柱厉叔辞其友而往死之。其友曰:“你是因莒公不理解，才离开莒国的。现在你为莒公去死，莒公仍是不理解你啊!”柱厉叔曰:“不然。我是因为莒公不理解我才离开的。今国家有难，而(我)不往死，是(莒敖公)果知我也。吾将为国去死，以此警戒‘后世人主不知其臣者也’!”待到柱厉叔从海岛上赶回莒国。莒敖公已死于难。他站在河边举目四顾，山川依旧，只是江山已改，物是人非，不禁怆然泪下，纵身跳入河中自尽。这个故事告诉后人:人主不知，就隐居;国家有难，就赴死。故后人尊之为“国士”，修桥立碑以彰示世人。显然柱厉叔这种思想与孔子的“道不行，乘桴浮于海”有相同之处。

今莒县是抗日战争胜利初期设置的，总面积1952平方公里，其中山丘区约占75%。1949年以后，这里建成大型水库2座、中小水库220余座、塘坝2000余处、拦河坝15处，还建有机电站千余处、井2000余眼，有效灌溉面积近5万公顷，初步治理了水旱灾害。莒县长期坚持开展山水田林路综合治理，初步控制了水土流失，为发展农林经济创造了条件。

沭河中游段(莒城南至大官庄)

沭河自莒城东向西南流,穿过官口公路桥,西南至小河村西,有鹤河从左岸汇入。

1.鹤河

鹤河源于莒县东境峤子山西麓,西南流经柏涯至龙山乡西转向西流,至双石头村东,左岸汇入长18公里的寨里河。再向西北流,右岸汇入长18公里钓截水河和长11公里的五村河后流入沭河。鹤河全长32.5公里,流域面积259平方公里,上建有小型水库25座,灌溉农田800公顷。这条河下游北岸有陵阳镇,古称陵阳河。陵阳河历史文化悠久。

陵阳河文化 1957年,在莒城东南10公里处的陵阳河南岸、凤凰岭北麓,发掘出距今约5000年前的新石器时代遗址。又经1963年至1979年3次发掘,该遗址面积扩4万余平方米,共清理出古墓葬69座、文物2000余件。这些随葬品文化价值之高,为中国考古学界所瞩目。陵阳河遗址文化表明:一是这里的经济古代就很发达,从大量的饮酒器看,粮食已有大量积余,酿酒技术已普遍掌握;二是从墓葬品的数量看,多的有200余件,少的仅一两件陋器,说明已有贫富之差,或政治上一些人已有特权;三是从出土的5枚砭石(治病石针,3枚玉质、2枚石质)看,长5至10厘米,制作精细,尖端锋利,说明当时已掌握了治病的针灸技术;四是从陶器形状和陶上刻制的鸟形图案看,这里正是东夷人鸟崇拜的一个部落;五是陶尊上刻有的图形文字,将中国原认为源于殷商时期的甲骨文字提前了1500余年。正如唐兰所说，这些（陵阳河陶尊）文字说明5000年前中国就有文字产生和发展。特别值得一提的是，陵阳河遗址出土的陶文字和更引起古文化专家的关注。这就是少昊的“昊”字，是“东夷”少昊氏原始部族的族徽。其结构从○是日，从是云，从是山，是的简化字，没有山。据陵阳河所在地的专家王树明、苏兆庆考证，这个字是陵阳河春分、秋分日出景象的象形字：陵阳东方有5座笔架式山峰，每年的春分、秋分两个农历节气，太阳总是从正中山出山升起，与文献记载的我国最早的观象授时的原始部族少昊氏相印证。《左传·昭公廿十七年》记载，少昊集团“玄鸟氏，司分者也”，就是主管天文，测算春分、秋分的历官。出土文物，验之于现实，证之于历史文献，故他们认为就是昊，就是少昊部族的族徽。

沭河自鹤河口西南流，至姜家庄南，有柳青河自右岸汇入。

2.柳青河

柳青河原名吕清河，源自沂水县东四十里堡北的雪山东麓，区间水沿苑家庄北岭山间溪谷至四十里堡折向东南经三十里堡、二十里堡、十里堡东南流至莒城西南入沭河。

古堡驿道 堡即铺，古代的一些重镇四达之地均按里程而设铺（或堡），这不是私人设置的旅馆之类，而是官府设置的驿站。驿站是古时候供传递公文的人或来往官员途中歇宿、换马的处所，驿站还办理平时递邮和战事军报传送之事。战国时，已设邮驿，秦已置邮亭，汉始置传舍，可供歇息。唐时，不仅陆路有驿，水路也设驿。驿还有驿田。宋时，每10里或每20里设铺（堡），大路通渠并设马递铺。驿传有步递、马递、急脚递之分，急脚递是军报；急脚递军报时，手持“木牌朱漆黄金字”，光明炫目，过如飞电，望之者无不避路，日行可达500余里（《梦溪笔谈》）。元明清驿站都很发达。

也许是柳青河左岸河涯提供的自然通道，在驿铺(堡)废置后的100多年，古驿道犹在。今莒县到泗水县的公路就是沿这条古驿道修建的。从春秋记载的莒人送庆父返鲁，路经密邑来看，也是走的这条驿道。古驿站相连的4个名称仍沿用至今，在全国则是少有的。

柳青河自十里堡南流，西岸不远有浮来山。

浮来山·定林寺·刘勰　浮来山面积仅6平方公里，主峰海拔仅300余米。三峰鼎立，拱圈相连，平地崛起，宛如浮出，故名浮来。山的北、西、南三面陡峭如屏，唯东面坡缓路平，可供游者登山。山上的定林寺由大佛殿、校经堂和三教堂组成，始建于南北朝，现寺为清代公元1874年修建。大殿前的古银杏树传为商代所植，高24.7米，距今3000余年，仍是郁郁苍苍，繁阴覆盖达700平方米。山上有卧龙泉，因旱涝不绝，似有蛟龙卧藏蓄水故名。泉不仅使浮来山历史文化悠久，也为此山增添一景。地方志说，鲁隐公与莒子盟于浮来。又说刘勰于定林寺校经。经考据史书，此说也不失古莒的史影。鲁莒结盟的浮来山，当在今莒县西北和沂水之间。刘勰祖籍东莞(莒)县。其父在南朝为越骑校尉，早亡。刘勰当是西汉城阳王刘章或是东汉琅牙王刘京之后。刘勰生在南朝刘宋明帝时代，距东晋立国已有150年，距南朝刘宋建国已近50年，莒地已是南北争夺、交互占领百十余年。他“笃志好学，家贫不婚娶”。刘勰与僧佑校经当在南朝萧齐时代；著成《文心雕龙》当在南朝萧梁时代。今南京钟山定林寺当为刘勰著作校经之地。今莒县浮来山定林寺校书楼陈列着各种版本的《文心雕龙》，墙上挂着刘勰画像和他的生平介绍，也同样为刘勰祖籍增添光彩。

齐家庄汉墓　柳青河东南流，西有齐家庄汉墓群遗址。遗址有大墓葬5座、点将台1处，从出土的金缕玉衣和鎏金车马、建筑饰品考证，当是汉城阳王室墓地。

柳青河至柳河村(姜家庄)南入沭河，全长32.8公里，流域面积302.5平方公里。下游泄洪能力为1165立方米/秒。

沭河自柳青河口向南,有小店河自左岸汇入。小店河以小店乡得名。河长16.5公里,流域面积54平方公里。

蟠龙山烈士陵园 小店西北2公里的蟠龙山上有纪念八路军115师抗日阵亡的干部战士和群众的蟠龙山烈士陵园。陵园始建于1945年,占地面积2公顷。纪念堂影壁上刻有山东省第一个共产党员王尽美传略,烈士谱记有2000名烈士英名。墓内安葬有350位烈士的忠骨。

沭河至赵家孟堰村南进入莒南县境,有马沟河自右岸汇入。马沟河原名宋公河,源自刘家管庄乡西北公婆山东麓,东南流经大管庄乡西、夏庄东,东南流入沭河,全长24.5公里,流域面积171平方公里。

沭河过马沟河口3公里有浔河自左岸汇入。

3.浔河

浔河源自日照市西、北垛山主峰北麓,岩石河床,河道曲折。北垛山在《水经注》中称巨公山,北垛主峰至今仍称巨峰。北垛峰南有1960年新建的中型水库,仍称巨峰水库。北垛主峰北,有海拔480米的角子山,因其耸立的双峰如两只角故名,后人又演变为甲子山。1942年,山东军区连续3次在此打击日寇.称为“甲子山战役”。甲子山风景优美,浔河源头森林覆盖率达90%,山阳半腰处,世传孙膑在马陵之战后,退隐于此著述《孙膑兵法》,传抄的竹简流落民间,到西汉为人收藏,1972年临沂汉墓出土的竹简就有《孙膑兵法》。浔河自源头西北流至大洙洲,东有葛疃河自左岸汇入,再西入莒县境,至中楼村南先后有车疃河、文疃河分别自右岸和左岸汇入。葛疃河长17公里,车疃河长23公里,文疃河长17公里。文疃河名源自文疃镇,文疃镇名因近处多古坟,称坟疃,坟曈不好听，又变为文疃。浔河又转向西南流，经马亓山北向西，入莒南县境即进入陡山大型水库。

陡山水库 陡山水库于1959年7月建成，水库大坝为黏土心墙砂壳坝，坝长631米，高程132.1米，最大坝高28.6米，流域面积431平方公里，后经多次加固和改建溢洪道，溢洪流量百年一遇为1843立方米/秒，万年一遇为3707立方米/秒。现在水库库容量为2亿立方米，设计灌溉面积2万公顷，有效灌溉面积达1万多公顷，遇百年一遇洪水可削减洪峰61%，年均发电量达169万千瓦时。

陡山水库北的山丘，有水利部淮河水利委员会安排的官沟小流域综合治理的试点。

官沟小流域综合治理 官沟小流域是水利部淮河水利委员会在淮河流域实施第三批5个小流域综合治理试点之一。官沟小流域总面积19.6平方公里，北高南低，呈扇形向南倾斜。自1994年被列入重点治理，到1999年验收，已见成效十分显著：营造并补密林木和封禁治理区达900余公顷，整修水平梯田314公顷，修建塘坝12座、谷坊250处，扩大灌溉面积200公顷，修环山路35公里。20年一遇洪水的主干洪峰流量由295立方米/秒下降为159立方米/秒，削减46%。森林覆盖率由38%提高到51%，人均收入由890元提高到1860元。

陡山水库之东，莒县和莒南县交界处的马亓山，历史文化也十分悠久。

马亓山·焦原山·杨妙真 顾祖禹在《读史方舆纪要》中称焦原山，州南四十里。焦原山远在战国时代的《尸子》书中即称焦原："莒国有名焦原者，广数寻，长五百步，临百仞之溪，莒国莫敢近也。有以勇见莒子者，独却行齐踵焉(即是独自仰头大步而过)!"后世"临万仞之渊而不惧"的成语即由此而来。作者尸佼在这里所指之溪即是浔水。《水经注》还说，这段河上，“旧蝎以溉田，东西二十里，南北十五里”，指的可能是秦汉之时的旧址，约在今陡山水库及附近的水利灌溉工程。马亓山，金时称马髻山，因绵延不断、形峭石嶙、立如马鬃故名。后称马耆山、磨箕山，今称马亓山，均为同音假借，俗称陡山，以其临河段峭石绝壁、陡立耸天故名。水库也因陡山而得名。金于北宋末年占领这里。金末政治腐败，这里人民纷纷起义，以山区为屏障，开展斗争。其中，杨妙真、李全领导的红袄军经苦战多年转到马髻山驻扎。这座海拔662米的马亓山北面绝壁陡立，十分险要，唯山南有一羊肠小道。山顶略平，方圆数公顷，有古泉一眼，涌流至今。因而他们于此结寨数年，不仅筑城练兵，还兴修水利、扶持渔盐、发展贸易。今山上的城寨虽经800年风雨侵蚀，遗址仍可辨认。山西不远处仍有他们在铃铛河口建造的蓄水池和水闸。这支起义军后又与宋朝廷联系，接受宋室封号。起义军亦曾北出穆陵关收复莒、青等12个州城。杨妙真是红袄军中最著名的女英雄，尤擅长骑马射箭，因排行第四，人称四娘子。今马亓山上有“斩大将王仙处”石刻，南山腰巨石上仍有“嘉定九年(公元1216年)四娘子在此下寨”11个大字，昭示着红袄军曾一度称雄于莒州。此地1939年为中国共产党抗日根据地之一。

浔河自陡山水库西，经陡山乡北向西流约6公里，有铃铛河口拦河闸坝。此坝为1959年所建，因设计不合理，1985年度废坝重建，今闸坝长109米，有冲沙闸3孔、泄水闸8孔、进水闸3孔，引水流量为20立方米/秒，最大泄洪流量为1010立方米/秒。村里人说，此坝原址即是杨妙真所建的闸坝处。闸南不远处即是大店镇，大店也是历史文化悠久的名镇。

大店镇和八路军115师司令部　大店，元代称朱陈店，清光绪年间始称大店。大店自明万历年间出了第一个进士庄谦之后，到清末共出了7个进士、21个举人。居业堂堂主庄希堂官至清末内阁中书，后任民国州议会议长。居业堂后因堂主外迁，故宅卖出。四余堂主庄教光是主动将四余堂捐献给抗日民主政府使用的。

大店镇原庄氏的居业堂、四余堂宅院曾是八路军115师司令部旧址。1941年3月7日，115师司令部由鲁中转移至莒南大店镇，直至1945年抗日战争胜利。仅至1943年，这里就指挥大小战斗3800次，歼灭日伪军24.2万人。1944年在镇东英雄岭上，建纪念塔一座。1945年8月13日，山东省人民政府在这里成立，黎玉为主席。1945年9月20日，罗荣桓就是从大店出发，带领9万余名干部战士挺进东北。萧华回忆说，大店是山东野战军和新四军联系的地方，大反攻就是在这里指挥的，挺进东北也是从这里出发的。

大店镇西南角的许家滩井村有古向国都城遗址。

许家滩古向国　向为周初分封的姜姓诸侯国。公元前721年，莒子娶向君女儿向姜为妻，向姜不愿意长留莒而回到向国。莒国因此进兵向国，夺取向姜。莒向矛盾由此严重恶化。仅仅过了两年，向国就被莒国灭掉。古向国在春秋时代仅淮河流域就有3处：一在今莒南县北，一在今苍山县西，一在今怀远县西。据史料分析，西周古向封国当在苍山县西。莒灭向后，就把向国君臣迁到莒国国都之南不远处的今大店西南，也称作向；一部分向人在亡国后逃往他乡，即是落脚在今怀远县西之向村，这部分人仍以向命名，不忘故乡；一部分人在亡国后无能力外迁，只好仍居在向；一部分向国贵族在莒灭向后，被迫迁于莒城之南四五十里今许家滩之地，即是莒南县之向。此后鲁伐莒取向，盟于向，都可能是大店镇之向。西汉于此置椑县。

浔河自铃铛河口坝向西，至大公书村西南入沭河。浔河全长68公里，流域面积532平方公里，源头以下除陡山水库外，还建有小型水库55座，可灌溉农田数千公顷。经过多次治理，已达60年一遇防洪标准。

沭河自浔河口再向南流10公里有汀水河自右岸汇入。汀水河源自沂南县，全长24公里，流域面积97平方公里。向南2公里有鲁沟河自左岸汇入。再南至后石拉渊村东，右岸进入临沂县境。沭河上有1962年建立的石拉渊拦河坝，坝长250米，有104孔，设计泄洪流量4880立方米/秒。坝西岸有石拱涵引水建筑物，引水流量16立方米/秒，可供灌溉和人畜饮水。再向南3公里穿过兖石铁路桥，至大白常村西南，有高榆河自左岸汇入。

大白常村前有王姓祖茔。王姓先祖王璟是明朝重臣，官至左都御史。因弹劾贪官污吏以护平民，明宪宗高度评价其“激扬益著”“无私于法”。其后代多在此建墓。其中，有一块碑记载了公元1668年郯城大地震实况，这对研究那次大地震有一定价值。1980年，美国地震专家曾两次到此考察。

4.榆河

高榆河有两源。东源源自莒南东北之涝坡乡鸡山之西麓。鸡山主峰高585米，因山顶有石似鸡头故名。这里有铜矿，1946年华东军区八大军工厂设于此地。西源经望海楼峰（海拔477米）东侧，穿过中型水库西石泉湖水库东南流，与东源穿过东石泉湖水库后合流。两水库均建成于1958年7月，为有史以来临沂地区修建的第一座中型水库。两水库总库容6000万立方米，有效灌溉面积近5000公顷，并是莒南县城供水主要之源。高榆河出水库经扁山镇向西南流，经莒南县城所在地十字路镇北2公里又折向西北。

莒南县古今　十字路镇历史文化悠久，曾为西汉高乡县治所。古因沂州至安东卫、莒州至青口镇的两条东西和南北通道在此相交，故又名十字路。南宋绍定六年（1233），莒州万户重喜筑十字路城。清雍正朝以后均于此设巡检司。镇东南有赤眉山抗日烈士塔和陵网。莒南县是1941年在抗日战争中建立的。莒南县地形:东北为山区,中、东、南为丘陵,西部为平原。有大小河、涧溪323条,总长1708公里,均属季节性间歇河,故雨季洪涝多,旱季旱灾多。1949年以后,大搞水土治理,一是在山丘区建大型水库1座、中型水库3座、小型水库210座,并建设梯田4万多公顷;二是发展灌溉,仅相邸水库的灌溉工程,就有过岭越山隧洞9条,总长5264米,总流量为5—10立方米/秒,干支渠20条,总长64公里,建筑物396座,灌溉面积近7000公顷,同时又兴建陡山水库灌区1.4万公顷,基本解决西部平原的灌溉问题;三是改移河道,修堤筑坝,开沟抬田,使平原洼子汪、茅草荒土地4000多公顷变为肥沃良田。

高榆河自十字路镇折向西北,至岭泉,右岸有岭泉河汇入。岭泉河长15公里,源自宴宾乡东北的老子峪,宴宾传说因杨妙真、李全在此大宴宾客而得名。高榆河由此折向西南流,左岸有温泉河、右岸有石沟河汇入。1956年,于刘家庄北,将高榆河改道向西就近入沭河,流经新河的高榆河全长37.9公里,流域面积307.5平方公里。被截流在下段经老高榆河再向西南流16公里,长13.5公里的王庄河和长18公里的武阳河自左岸汇入沭河。

沭河在老高榆河口下,有1965年始建、1978年改建的龙窝拦河(闸)坝,坝长570米,闸室69孔,设计洪水流量5000立方米/秒。坝东建有引水石拱涵洞,引水流量20.6立方米/秒。沭河过坝后,左岸离开莒南县进入临沭县。至禹屋村北,有汤河自右岸汇入。

5.汤河

汤河源自沂南县杨家坡乡左泉村北的东西两山丘之间,南流至临沂县大墩庄,再南流至汤头镇西。

汤头温泉 汤头镇因为温泉如汤而得名。“野馆汤泉”古为琅王牙八景之一，被列为全国甲级温泉。汤泉东傍汤山，西依汤河，风景优美，气候宜人，现已辟为疗养胜地。此泉为上升泉，正常水温为 51℃至 58℃，孔上温度达 72℃，可治疗多种疾病。抗日战争初期的 1938 年 2 月，日寇板垣机械化第五师团在占领莒县后向临沂进军，而国民党临沂守军告急时，抗日名将张自忠率 59 军，曾两次于临沂北渡过沂河，给板垣师团以沉重打击。使围攻临沂城的日寇两次龟缩于汤头以待援，拖延其与矶谷师团会师时间，为台儿庄李宗仁指挥的中国军队消灭矶谷第 10 师团创造了契机。

汤河自汤头东南流，有鸭蛋沟（长 14.5 公里）、万年沟（12 公里）先后自右岸汇入，梁子沟（18 公里）自左岸汇入。再穿过 1989 年建成的汤河拦河闸。汤河拦河闸坝长 119 米，泄洪流量为 1184 立方米/秒。汤河西有汤河镇。汤河镇西北之故县村，历史文化悠久。

故县村·即邱·古临沂　故县村，西汉初于此设置即邱县并延续至东汉、晋、南北朝。南朝萧梁于公元 529 年在今故县村设置北徐州，下辖泰山、临沂两郡。即邱县治后移至大岭乡古城村，隋于公元 596 年设置临沂县。公元 606 年又将临沂县移至今临沂市。故县村为县治、郡治时间长达 700 余年。

汤河于禹屋村东汇入沭河，全长 56 公里，流域面积 486 平方公里。

沭河自汤河口南流至中华山西，有韩村河自左岸汇入。韩村河源自临沭北部的贾山，经韩村河、白旄，于后野埠入沭河，全长 20 公里，流域面积 132 平方公里。沭河再南流，穿过临沭至临沂的公路桥。过桥 4.5 公里，右岸也进入临沭县。沭河又南流至大官庄枢纽工程，右有分沂入沭水道汇入，向东过新沭河泄洪闸入新沭河，向南过胜利堰入老沭河。

大官庄枢纽工程　这是分沂入沭连接沭河、新沭河和老沭河的咽喉工程，是沂沭河洪水东调的关键性控制工程，于 1997 年建成，由人民胜利堰闸、新沭河泄洪闸和灌溉孔组成。沭河大官庄设计洪水流量 4500 立方米/秒时，可分洪流量 2800 立方米/秒入新沭河，其余 1700 立方米/秒经人民胜利堰入老沭河。新沭河泄洪闸最大泄洪流量 6000 立方米/秒入新沭河。灌溉洞引水闸流量 24 立方米/秒，灌溉面积 7000 公顷。人民胜利堰是 1952 年“导沭整沂”工程中建成的，工程应用 40 余年，效益显著。在 1991 年续建的东调工程中，人民胜利堰于 1993 年至 1995 年改建为人民胜利堰节制闸，配备先进调度设备，更为科学地调节沂沭河超标准洪水，1995 年 7 月 11 日泄洪流量为 1500 立方米/秒，为建闸以来最大值。

分沂入沭工程 分沂入沭河道是为减轻沂河下游的洪水压力，将沂河洪水东调而开辟的分洪道。开辟分沂入沭水道是 1950 年“导沭整沂”初期，华东水利部在上海召开的沂沭河整治会议确定的。1951 年 11 月开工，1952 年 7 月完成。但在 1953 年 8 月实测时，当临沂站洪水流量超过 6000 立方米/秒时，分沂入沭流量仅为 405 立方米/秒，为原定标准的 400 立方米/每秒。经 1955 年至 1956 年扩大，1957 年 7 月 19 日行洪流量为 3180 立方米/秒，为历史最大流量。经 1971 年至 1977 年扩大和 1995 年至 1996 年再建一批工程，如河口庄拦河坝、裹头、复堤、护险、截渗、桥梁等工程，配合新沭河工程，使沂沭河东调入海流量在遇 20 年一遇洪水时，可将沂沭河洪水 50％以上东调入海，以保护山东省临郯苍、江苏省沂河下游近 60 万公顷农田及人民群众安全。同时，又可较大程度地减轻骆马湖及新沂河的洪水压力，增加南四湖洪水泄量。分沂口门南 270 米的彭道口闸是作为 1971 年东调南下工程的首期工程而兴建的，1974 年完工。当闸上水位达 60.84 米时，泄洪流量可达 4000 立方米/秒。1974 年大洪水，泄洪流量已达 3130 立方米/

秒，运行正常。分沂入沭工程自彭道口东南流到前河口入老沭河，全长 19.6 公里，中跨黄庄倒虹吸工程。黄庄倒虹吸涵洞长 378 米，有 7 孔，排涝流量为 176 立方米/秒。这是因分沂入沭水道截断黄白排水沟，用于排除分沂入沭水道以北的涝水，排涝面积可达 1.5 万公顷。

沭河下游老沭河段(大官庄至新沂河口)

老沭河自大官庄再南流3.7公里,有总干排水沟汇入。

1.总干排水沟

总干排水沟起自黄庄倒虹吸北700米的黄白排水沟,经倒虹吸,有华大沟自右岸汇入,再南流入老沭河,全长8.7公里,流域面积213平方公里。华大沟上有西山前村和岌山,均为著名的抗日之乡。

抗日模范村 1941年8月1日,正当八路军115师在蛟龙湾召开万人纪念大会时,日本侵略军于凌晨包围了西山前村。村自卫团率全村老少用土枪土炮拼命反击,有50名群众牺牲,110名群众被掳。1942年9月28日,日伪军700余人又一次进犯,当地游击队配合八路军于岌山进行反击,打死包括日联队队长、顾问等20余人,伪军10余人。滨海专署授予西山前村"抗日模范村"称号。

西山前村不远的罗疃村和常林村被群众称为"宝石之乡"。不同时代,宝石给人带来的悲喜剧也是令人感叹的。

获宝人的悲喜剧 钻石为罗疃、常林两村的获宝人带来了不同的悲喜剧:1933年罗疃村民罗田帮在雷草沟子里拾得1.8两(合28.25克拉)大钻石,上海一位富商曾以3公顷多田地、2头牛、1辆车来换取宝石而未成交。到1938年,日伪乡长朱英三、队长朱希品为夺得宝石,不惜将罗田帮全家杀害。之后,李庄警察局长李学俭将朱英三、朱希品杀死,夺取宝石。不久,驻临沂城的日本人川本顾问又将李学俭杀了,将宝石据为己有。为了一颗宝石数人丧生。与罗田帮命运不同的是，常林村人魏振芳于 1977 年 12 月从地里拾得一颗重 158.7866 克拉的宝石，献给了国家，不久获得 3000 元奖金和“农转非”资格，同年受到领导接见，大队又获奖一台拖拉机。魏振芳还连续 6 届当上县人大代表，并于 1995 年出席世界妇女大会。据专家考证，这里因是郯沂断裂带地层，故常有钻石现出地面。

沭河南流 1.4 公里，右岸入郯城县境，又南流 3 公里，左岸也入郯城县境。再 2.4 公里过青泉寺拦河闸坝。该坝建于 1967 年，20 世纪 90 年代改建，其溢洪闸有 51 孔，防洪流量为 1000 立方米/秒。在老沭河右岸拦河坝上 700 米处，建有一引水闸，闸下接暗洞 704.3 米，西接穿山隧洞 2209 米，至马陵山西麓为 1742.6 米暗渠，西接 844 米明渠，又穿过白马河倒虹吸入窑上灌区总干渠，全长 11.52 公里。这项工程建于 1977 年至 1985 年，引水流量 12 立方米/秒，灌溉马陵山西部农田 8000 公顷。

积青泉寺风景区 拦河坝西的马陵山上的青泉寺风景区为老沭河东畔风景一绝。风景区北抵九道弯，南至钓鱼台，绵延数十里。黄泥沟壑深水清，九道弯峰回路转，钓鱼台古迹犹存，马陵道怀古思飞，自然景色与人造工程相映成趣。

沭河右岸傍着马陵山南流。一些专家据 1958 年以后兴修水利开挖土方时获得的文物分析，认为这里的马陵山就是齐魏马陵之战的马陵山。

马陵山和马陵之战 清乾隆时《沂州志》说：“齐伐魏，孙子胜庞涓于此。”但这个说法未得到实证，不被多数学者所接受。马陵山南北走向，海拔在 80 米至 180 米之间，为东西之屏障。山间长几十公里的马陵古道至今犹存。马陵山的东西麓沟壑纵横，其中独龙涧是由 9 条溪流汇合而成的，形似葫芦，两旁的悬崖峭壁，耸立如屏。正是军事家所称的“死地”。1972 年临沂汉墓出土的《孙子兵法》《孙膑兵法》不仅证实孙子、孙膑各有其人和兵书传世，还对马陵之战遗址不在郯城的传统说法提出疑问。除1958年在修建马陵山中黑龙潭水库出土400余枚铜箭头、于孙塘村出土200余枚铜箭头外，1972年修建青泉寺西北的跑马岭水库时，还挖出了数百个锅灶坑和许多三棱箭头，推测是当年孙膑“增兵减灶”之计留下的遗址。在清泉寺林场曾捡到数千枚铜箭头。1978年，在大尚庄出土一件“谷氏左”(铭文)。“谷氏左”即谷民铸造的戈。应是魏国人的武器。1982年，在样山安子庙发掘出一座战国古墓，人们按史记推论这是死于独龙涧“死地”的庞涓之墓。样山是郯城与临沭县交界处的马陵上最北的一座山。人们推测孙膑念同学之情，将庞涓安葬于此(马陵之地一说在范县西南)。

沭河左岸有高山河自江苏东海县西流汇入。

2.高山河

清泉寺坝东北、沭河东岸的高山河岸边的前城、后城两村是建立在古郭国遗址上的村庄。

城村古鄟国 鄟国是鲁国的附庸国，春秋时期曾被郝国灭掉。公元前585年又被鲁国夺取。据说，鄟君后代因失去城池而将“鄟”字右边的“阝”去掉，右“阝”原意“邑”，是城池，“専”没有城池，就成了其后代的姓。《史记》记载的公元前515年，吴公子光收买刺客来刺杀吴王僚的专诸就是其后代。江西省文物管理委员会收藏的一件“车季鼎”，铭文“鄟车季作宝鼎其子子孙孙永宝用”，就是鄟之国君车季留下的鼎。

高山河小流域综合治理 高山河小流域是水利部淮河水利委员会自1983年起，用5年时间在淮河流域进行的第一批8个小流域综合治理试点之一。高山河小流域位于高山河上段东海县西北，西邻郯城县。高山河自场西小水库向西北流，经高山、窝子、黑豆涧村出境入沭河，全长 7.6 公里，流域面积 20.5 平方公里。该地治理前水土流失严重，旱涝灾害频繁。治理措施：以工程措施为基础，生物措施为重点建设水平梯田，整修原梯田，兴建建筑物 1800 余座，增加塘坝蓄水容量 46 万立方米；沿 96 米等高线开挖长 6 公里的截水沟，串连库塘和河道，形成“长藤结瓜”模式，高水、高截、高灌、高排；因地制宜，营造防护林、经济林和草地，使植被覆盖率由原来的 15％增加到 44％。治理结果：土壤侵蚀模数下降 60％，生态环境大大改善，农民收入大大提高，收到以点带面的良好效果。

沭河经清泉坝南流至山南头村东，左岸有石桥河自东岸汇入。

3.石桥河

石桥河源自东海县山左口乡西流汇入。位于山左口乡蛇纹石矿西有一新石器时代文化遗址——许村祭石。

许村祭石　许村祭石共 20 多块，每块祭石正中都有大圆窝，四周有七八个小圆窝。专家们一致断定这是新石器时代所立的祭祀之石。多数人认为是祭天，也有人认为是祭鸟，因为鸟是这里人最崇拜的图腾。还有人认为是祭祀山河，祈求平安。无论祭祀什么，其祭祀场面一定是较为宏大的。

原本纵亘郯城县南北的马陵山，长 50 多公里，但却在这里突然断裂成一条断谷，好像有意为沭河向西开了一条通道。沭河自马陵山南头断谷村与其南北古寨之间向西流。马陵山断谷有窑上坝故址。窑上坝为 1962 年 5 月郯城县所建。20 世纪 90 年代青泉寺坝改道后，该坝已废弃。沭河再向西北流至归义镇东南，有新白马河汇入。

新白马河是 1953 年为治理入沂的老白马河，截其上游 23 公里改道入沭的新河。沭河汇入新白马河后，沿马陵山西麓折向南。

沭河西部是一片开阔地。沭河既为沭河西岸经济文化发展创造了优越条件，其东高西低的地势又为沭河洪水西犯沂河开了方便之门。故而也为治理沭河西犯沂河留下许多史实，修建禹王坝就是明证。

禹王坝修建简史 有人认为，北魏正光年间(520—525年)萧宝夤为都督徐州刺史、车骑大将军，镇于徐州(时治于今宿迁)时，为避免沭河犯沂，危害于徐州，曾在此立大堰……遏沭水西流。对这一说法，许多学者予以否认。萧宝夤遏沭水西流当在曲沭戍西。禹王坝处的禹王台相传是大禹治沭时，为阻止沭河西侵而修建的挡水高台。不论其是否真为大禹所修，但也可见阻止沭河西侵已是北魏以前的事了。明正德年间(1506—1521年)，郯城县令黄琮竟毁台取砖石而为郯筑石城。此后，每遇大水，沭河竞于此西决，越过禹王台经白马河犯沂河，直趋邳州、骆马湖、宿迁，造成大水灾。清康熙时，因沭河西侵，危害中河漕运，批准了河道总督王新命于郯城禹王台修建竹络坝的请求。康熙二十八年(公元1689年)，王新命亲临现场指挥，于此建竹络坝。竹络坝即是以毛竹片编络，内盛块石。放置竹络前，先将坝基泞土取尽，然后逐层排放，并用钉头锁紧，上下共5层。石工坝长约640丈，两头接土坝656丈。同时，疏浚沭河西南故道，共浚3道深口以便大流南泄。此后40年，此处沭河水患稍息。后因疏于管理不事疏浚，到雍正八年(1730)，石坝又被洪水冲决。此时河道总督嵇曾筠又于此复修玲珑坝。玲珑坝也是竹络坝，坝石工460丈，土工300丈，令有司管理，按年保固，并置坝夫20名，由运道岁发工银119两，以备防修。每岁汛期还拨河兵防险抢修。这些有力举措虽能防止沭河由此西决侵漕，但到清末，漕运停止，管理疏松，致使沭河西侵，经常造成严重灾害。在中华人民共和国成立后的治理中，沭河两岸均已修建大堤。历史上的竹络坝旧址，当在今新白马河汇入老沭河口以南至坝子村一段长约3公里的坝址下，虽为老沭河右堤覆盖，但古坝遗址仍清晰可见。

禹王坝西的豹公墩，又称为豹墩、大墩、六里墩。据地方志资料记载，这是夏朝徐国第五代国君徐公豹的墓地。4000年来，徐姓在郯城氏族旺盛，世人称“郯城县，徐一半”。东汉曾于此置徐县。1949年以后历次人口普查，徐姓均占全县总人口的1/10左右。今豹公墩已被奉为徐姓始祖之墓。南北朝著名诗人徐摛、徐陵父子和唐武则天时代掌管刑罚、以公正清廉著称的徐有功，就是郯人徐姓后裔。

老沭河再南流3.6公里，右堤西有郯城镇。

古郯城址 郯为周初异姓封国之一，子爵，鲁之附庸。史书记其为东夷族少昊氏己姓后裔。郯国故城遗址约在今郯城镇北郊，故址呈不平行四边形。据今勘测，周长4670米，南北墙分别为780米和1260米，残存墙最高为4米，宽40米，东西墙分别为1370米和1260米，皆黄土夯筑，四周各一门。故城南7公里处的郯庙村有郯子庙遗址。村北有郯子林，原有石表，今不存。古郯国是较典型的东夷之国，以崇奉鸟闻名于世。

鸟崇拜之国 据《左传》记载，公元前525年，郯子朝鲁，鲁昭公设宴招待。鲁国的叔孙昭子问郯子：“少皞氏为什么用鸟作为官名？”郯子旁征博引地回答：“从前黄帝用云纪事，各部门长官都用云命名；炎帝用火纪事，各部门长官都用火命名；共工用水纪事，各部门长官都用水命名；太皞氏用龙纪事，各部门长官都用龙命名。我的高祖少皞挚即位的时候，正好凤鸟来祝贺，故而以鸟纪事，以鸟为师名官：凤鸟掌管天文历法；玄鸟掌管春分、秋分；伯赵掌管夏至、冬至；青鸟掌管立春、立夏；丹鸟掌管立秋、立冬；祝鸠是司徒，雎鸠是司马，鸤鸠是司空，爽鸠是司冠，鹘鸠是司事。这五鸠是鸠聚百姓的。五雉是五种管理手工业的官。九扈是九种管理农业的官……”郯子的一席话将古郯崇拜鸟的事说得很清楚，在座的无不叹服。

孔子“问官倾盖” 当时年仅 27 岁、学问已是十分渊博的孔子听说郯子谈古这件事，非常佩服郯子的学问和郯国文化的深远，立即虚心向郯子求教。这便是成语典故“问官倾盖”中“问官”的故事。“倾盖”是说孔子去郯子国路上，遇见熟悉郯文化的晋国人程子，他们交谈越说越投入，连车上伞盖倾斜也不知晓，这就是“倾盖”的故事。明地方志资料记载郯城北 10 里有倾盖亭，就是为纪念这件事。后孔子学生曾参又专门去郯国学习和授徒。

郯城沿革 从史料看，郯与其北邻莒国不同，既不擅长武功，又不擅长外交。有一段时间莒郯不和，齐鲁两国去调解。莒国不肯讲和，致使郯的保护国鲁不得不“伐莒取向”。郯子只在公元前 485 年受吴和鲁的胁迫，曾跟吴鲁军队去伐齐。《竹书纪年》说郯在公元前 414 年为越国朱勾所灭，而郯县志认为是为楚国所灭。秦于此置郯县。西汉于此置东海郡兼郯县。东汉的徐州州治、东海郡郡治、郯县县治都曾设在这里。东汉刘秀统一前，梁孝王 8 世孙刘永之子刘纡继为梁王据郯，刘秀大将吴汉拔郯斩纡。董宪曾据郯被刘永封为海西王。不久，刘秀征董宪赴郯，把董宪赶到海州。东汉末年曹操先后击陶谦、刘备于郯和郯东地区。曹魏于此置东海国。郯又是曹丕子曹霖封地和曹霖子曹髦高贵乡公封地。西晋亦于此置东海国，国王就是后来参加“八王之乱”的司马越。南北朝时，这一带是争夺之地，郡县设立如过眼烟云。也许是土地荒芜和人口减少，唐初仅置郯城乡，到元和年间(公元 806 年至 820 年)才将郯城乡改为郯城县。这是设置郯城县之始。也许是经过唐末五代十国之乱和南北战争争夺，人口再度减少，郯城自宋至元均为下邳或临沭县一部分。明初，又复设郯城县，直至今天郯城县治未变。解放战争初期和中期，国共两军多次在这里南北拉锯。淮海战役就是 1948 年 11 月 6 日在这里拉开序幕的。傅秋涛率领的鲁中南纵队，包围歼灭了国民党驻郯城、码头的王洪九部 5000 余人，使华东野战军全军得以南下，及时包围分割黄百韬兵团于碾庄。

悠久的历史文化，造就了郯城的文化名人。今沭河西岸，郯城东西有古东海两位名人墓：孝妇冢、于公墓。

于公和东海孝妇 西汉东海郡郯县决曹于公，办事秉公，决狱平允，他对东海郡守处死一件民女案持不同意见。关汉卿著名杂剧《窦娥冤》就是取材于西汉"东海孝妇昭雪冤案"素材的(《中国文学史》)。西汉时，郯县一女子婚后不久，丈夫病死，为奉养婆母誓不改嫁，婆母为媳妇终生计，劝其改嫁，也被拒绝。孝妇认为自己出嫁，婆母无依靠，丈夫在天之灵也不安。这样过了十几年。婆母也向邻居说出不忍心成为媳妇的拖累，就上吊自杀了。婆母已出嫁的女儿不知内情，告到官府，县狱拘捕了孝妇。孝妇屈打成招，承认逼死婆母。东海郡守为显示断案政绩，坚持判处孝妇死刑。决曹于公对于县狱逼供的材料不信，要求郡守派人再查。于公因郡守不同意复查，愤而离官辞职。3 年后，新郡守上任，于公又向新郡守陈述复查。查实结果，孝妇确系行孝，婆母自杀证据充足。新郡守立即为孝妇平反昭雪。今郯城东沭河西岸仍存有孝妇冢遗址。加上于公平时也执法严明，不错决错审，很得郯人拥护，人们只知道他是公正、不徇私情、不畏权贵的于公，而不知其名。于公在世，人们就为他立生祠；死后，百姓们如丧考妣地悲痛，因而怀念他的人在他坟上时时添土。今郯城西关的于公坟仍然很高大。在于公墓旁，还有一座较为小一点的坟墓，这是于公儿子于定国的坟墓。于定国受父亲影响，在任县狱、郡决曹时也一样执法严明，后提拔到京城当廷尉，处理案件也很慎重公正。有人将他与前朝著名廷尉张释之相比：张释之当廷尉天下无含冤之人，于定国当廷尉天下人不含冤。不过在东海的名望还是于公大。

与于定国父子比，郯城王肃父子则有明显不同的仕途之道。

王朗父子逸事　西晋开国皇帝司马炎的外祖父王肃就是郯县人。王肃的父亲王朗虽是东汉末年的饱学之士，但他不是儒家那种“食君之禄，为君效死”之臣，而是紧跟曹操，为“挟天子以令诸侯”效命。读到《三国演义》中一位皓首苍颜的老人，骑在“曹”字大旗下的马上，苦口婆心地要对面阵前的诸葛亮认清形势，放弃蜀汉，却被诸葛亮骂为谄谀之臣、潜身缩首、苟图衣食，使得王朗羞愧难当，立即撞死于马下，读者不禁感到一阵痛快。王朗死后，其子王肃将王朗棺材运回家乡埋葬。今郯城港上乡白马河旁朗里村王朗坟犹存遗迹。王肃也是儒门饱学之士，也许受王朗“顺天应人”的影响，这位子承父志、袭父爵兰陵侯的曹魏重臣，按理说应忠于曹魏，可是王肃也审时度势，在司马昭废掉曹芳时，他支持；在司马昭立曹霖子曹髦当傀儡皇帝时，他也支持。正是王肃代表朝臣赶到曹髦的东海国封地郯城，迎接曹髦入京当傀儡的。他从曹魏重臣又变为司马氏的要臣，就不仅仅是司马昭的岳父了。王肃的人品虽不足称道，但他的治学态度是严谨的，王肃的古文经学研究成就很高。他注释的《尚书》《论语》《左传》《诗经》《三礼》都是西晋必读之书。王肃不善于教子，他的3个儿子在司马炎代魏建晋后，依仗皇亲国戚的权势，过着穷奢极欲的生活。特别是他三儿子王恺和豪富石崇一样，尤喜追求精神刺激而“斗富”，演出糖浆、米浆涮锅，蜡烛当柴，紫纱锦绸作50里步障，香椒石脂涂墙，棒击珊瑚等一幕幕丑剧，反映了西晋上层社会腐化堕落的一面。

鲍照兄妹诗坛一帜　与富家纨绔子弟相反，郯城寒门在南北朝时还出了几位有一定时代影响的新人。鲍照与妹妹鲍令晖在齐梁诗坛浮艳之云笼罩下却独树一帜，被唐代李白称为“俊逸鲍参军”。他们创作了大量的七言诗，为唐以后七言诗的发展开拓了广阔道路。郯域人何逊的诗既注重内容，又炼字炼句和注重声韵，在古体诗向韵律诗过渡阶段做出可贵的贡献。郯城人徐陵的诗注重声韵节奏，为唐代律诗的成熟奠定了基础。

郯城大地震　清康熙七年六月十七日（公元1668年7月25日）戌时，郯城发生8.5级大地震，波及8个省161个县，破坏区域面积达50万平方公里以上，郯城全县一片废墟，邻近各县“屋无完宇”，史称“旷古奇灾”。

老沭河自郯城东南流至徐庄。徐庄东之小麦城村有旧石器时代文化遗址。

小麦城遗址　从小麦城村遗址中采集到的石核、石片、石锤、砍砸器、刮削器、尖状器等制作工艺看，均很简朴。另外在这里还采集到部分新石器。旧石器、新石器的连续发掘，证明古人1万多年来已不间断地在这里开发、生活。

沭河往南到店子乡东穿过310公路大桥，再南流过红花埠村南即进入江苏省新沂市。红花埠曾有康熙住宿的行宫。

红花埠由来和康熙南巡　北魏景明四年（公元503年）于此挖渠，引沭水灌田达1400多公顷，使这里农作物繁茂，花团锦簇，又成为商贸集散之地，故名红花埠。清康熙一生非常重视治水，他曾6次南巡并视察河淮运治理。史载他前两次南巡都是驻跸红花埠的。第一次康熙二十三年（公元1684年）十月十七日南巡就是住宿于此。河道总督靳辅于此迎接，一见面康熙就询问治河情况。晚上，康熙又第一个召见靳辅继续问治理河淮运之事，靳辅回答让他很满意。第二天去宿迁的路上，康熙作诗：“行尽兖东程，乍入江南路。水涝切恫瘝，深心察其故。”表示深切关怀水灾中人民的痛苦。“兖东程”就是指兖州东的蒙阴、临沂、红花埠至宿迁的这条路。5年后，康熙第二次南巡也是住在红花埠。现康熙行宫已不见于记载，而红花埠仍是郯城县东南物资集散地。

老沭河至新沂市治所在地新安镇，先后穿过陇海铁路桥和205

公路桥。

新安镇起源 新安镇，原为无名村落，相传清将僧格林沁在镇压捻军时路过这里，并于此遛马，故人们称之为遛马庄。又因地方口头相传，就写作牛马庄。清同治年间，屡遭兵火劫毁，村人逃散。待村人回来后又重建新村，命名新安村，表达村民们的良好愿望。也许是其地处沭河与陇海路交叉处，发展很快，1949 年以前就已成为苏北大镇了。

黄百韬延误于新安镇 解放战争中的淮海决战前夕，国民党于此驻扎黄百韬第 7 兵团，东与驻连云港的李延年兵团、西与驻运河镇的李弥兵团相连，构成向山东解放军围攻的态势。当国民党统帅部得知华东野战军和中原野战军联合围攻徐州时，又不得不将“一”字形部署收缩。而在收缩途中，由于国民党统帅部要黄百韬延缓，以保护李延年安全撤退，同时由于黄百韬在西撤前未能在运河搭桥的失误，华东野战军得以在消灭郯城马头王洪九部队之后，很快于碾庄包围并歼灭黄百韬兵团。

新安·新沂市 新安镇于黄百韬西撤后即获解放。1949 年，划宿迁、沭阳两县设置新县。因新县治设在新安镇故名新安县。不久又因其与河南省新安县重名，1952 年以其地域内一项较大水利工程新沂河之开挖而改名新沂县，1995 年改为县级市。现新沂市总面积为 1580 平方公里。新沂市地处沂沭泗水系下游，治理前旱涝灾害极为频繁。由于江苏、山东两省团结治水，“导沭整沂”“导沂整沭”和“东调南下”工程的整体效应，大大减轻了水涝灾情。在此基础上，又建成沂西排灌区，高塘水库灌区，阿湖水库灌区，马陵山、踢球山提水灌区和井灌区，沂北自流灌区，总灌溉面积达 7 万公顷，除涝面积 6 万公顷。

从老沭河河道特征看，人民胜利堰闸至归义镇古禹王台段，河道行于山谷间，两岸基本无堤防。古禹王台至新安镇段，老沭河行于马陵山西，且其西南均为地势低下的广阔平原，既没有河道自右岸汇入，又极易西决造成灾害。据清乾隆十二年（公元1747年）知县王植《郯邑水利事禀牍》记载，沭河西岸除640丈竹络坝石工外，其余47里皆为民堰。民堰堤身单薄，又各自独立，难以抵御大洪水。仅郯城境内就决有11处，皆为民害。《水经注》记载，沭水在厚丘南（实际是西）分为两支（厚丘故址约在今沭阳县西北厚镇村）。其西南分出的一支，北魏时已经干枯丁，世称枯沭。可见古沭水有一支从这一段向西南流出的。一支则向南，经建陵县故城东。

建陵寻古 建陵故址约在今新安镇南不远，古为郯子国地，鲁成公九年（公元前582年）《春秋》记“城中城”，即是在建陵筑城。西汉于此置建陵县。汉景帝曾封卫绾为建陵侯，汉宣帝曾封刘遂于此。建陵城即为卫绾、刘遂的侯国治所。

枯沭旧事 在古沭水上还有一条向东的人为的分水道，北魏郦道元没有记载，而《太平寰宇记》记载，公元503年南朝萧梁潼阳人张高引沭水东流至涟水境，溉田200余顷，俗称红花水。顾名思义，红花水源于红花埠一带，是在沭河“分为二渎”之上。也许是因为南朝人抢了沭河水资源，20年后的北魏萧宝夤镇徐州时，约于公元524年于建陵城附近的建陵山西“立大堨，遏水西流……置城防之，曰曲沭戍”。遏流西注30里注之于古沭水旧渎，可能就是原来的枯沭。这条旧渎就是西晋以前沭水的一支从这里至宿豫汇入泗水的。曲沭戍，其城又叫曲沭城、曲木城。旧址当在新安镇东南沭河东岸。又据史载，在萧宝夤置曲沭戍第二年即调往西北。梁将裴邃攻魏，破曲沭城，克建陵城，就在这里。

老沭河从新安镇向南流，至唐店镇东北，左有黄墩河从东北汇入。

黄墩河发源于郯城县大尚庄马陵山区，上游集环山截水沟、常汪沟诸水，称为围山河，与马陵山诸小水库连通。进入新沂市称黄墩河，全长 14 公里，流域面积 117 平方公里。

老沭河合黄墩河后又为塔山拦河闸拦蓄。塔山拦河闸建于 1972 年，共 19 孔，设计泄洪流量 3000 立方米/秒。当沭河水量不足时，由新戴河扬水站提骆马湖水补入塔山闸上；如沭河水丰，也可由此补骆马湖水之不足。老沭河自塔山拦河闸南流 1 公里，中和岛将沭河分为东西两股。西股于龙泉沟北有墨河汇入。

4.墨河及墨河治理史

墨河历史悠久，《郯城县志》记载，“墨水即皂河，在县东，旧通舟楫于宿迁，古郯子运道也。源出墨泉，在旧城东北 1 里许，色如墨故名。”《宿迁县志》记载，墨河进入宿迁，南入于沂。由这些记载可以分析出墨河即是皂河。今墨河自郯城东北杨楼村源头起，经郯城镇东、大黄楼村东、河北村东，再西南经老归昌北的 307 公路桥，下接老墨河。经 1975 年的改道、裁弯取直、平地开河、河堤迁移和加深加宽河道，南出郯城进入江苏新沂市接新墨河。皂河镇就是因位于皂河之滨而得名。墨河因靠近沭河，自古以来就常受沭河侵害。墨河源头墨泉距禹王台极近。特别是清雍正八年（公元 1730 年）。修建禹王台玲珑坝时，还曾“阴留隙”以泄水，虽能减轻沭河下游水害，但也给沭河侵入墨河带来极大危害。沭河洪水所带泥沙一部分在墨河河道内淤积。乾隆年间，郯县知县王植在《郯城水利事禀牍》中还记载：“筑之最要者莫如沂河，疏之最要者莫如墨河。”以为疏通墨河一可以解除积涝，二可以分泄沭河 3/10 之水。清政府采纳了王植疏墨河的建议，但也将禹王台阴留泄沭之道堵死，又加重了沭河下游洪水危害。墨河在明清到民国时代则是与沂沭河下游一样变迁极大。到中华人民共和国成立前，墨河汇入埝头马小湖，下达骆马湖。1951 年治理沂河，开挖沂河下游草桥段,截断了墨河下游河道,使墨河下游河道变为沂河草桥段。为解决墨河下游出路,又于1951年将江苏段墨河改道,即在山东、江苏边界南的小张庄,郯新河与墨河上游段汇流处,开挖新墨河东南流,至房庄东,左岸汇柳沟河(即郯城县改道的墨河),过陇海路,至小马庄东南,与新戴运河交汇,过张墩闸至龙泉北入老沭河。墨河全长61公里(其中郯城境内42.4公里),流域面积94.5平方公里。

沭河两股至曹庄西又合流一起。两股之间的中和岛面积为12平方公里。岛周筑有长10.2公里的堤防,居民6000余人。合流后即沿马陵山东向东南行。

新沂马陵山胜迹 新沂市内的马陵山林木繁茂,谷幽泉涌,中有5座峰峦,胜景异常,有似亭亭玉立的绿妆少女,有似起伏奔腾的马首。特别是在水利建设中兴建10余座中小型水库和数十座坝塘,加之渠道相连,宛如串串晶莹的珍殊项链。山中有水,水中有山,山水相映,不是蓬莱,胜似蓬莱。清康熙、乾隆南巡时都于此驻跸,其山中行宫犹存。山中的黄巢关水库上的黄巢关,是唐末黄巢起义于此据关守险;金斗关水库出口的金斗关,地势险要,南宋巾帼英雄梁红玉曾亲自镇守此关以抗金;山庄西侧悬崖下有三仙洞。三仙,是指螟、蛇、蟹修炼成仙。蒲松龄于公元1670年来此一游,他的《聊斋志异》中记述的秀才遇仙于三仙洞就是取材这里的。更使三仙洞名播于世的是1947年陈毅、粟裕率领华东野战军进行的宿北大战,全歼美式装备的国民党戴之奇69师的指挥部就设在这里。

马陵山北麓花厅古文化遗址当是5000年前新石器时代中晚期墓葬遗址,已发掘古墓葬26座,出土珍贵文物1000余件。

老沭河再东南流,穿过1967年5月建成的王庄拦河闸。

王庄拦河闸 王庄拦河闸为上下两层,上层有自动翻板门45孔,孔净宽8米,底高程18.5米,最大泄洪流量3000立方米/秒,可蓄水420万立方米；下层为骆马湖自流灌溉区的沂北干渠穿老沭河的倒虹吸工程，共2孔，孔宽2.8米×3米，洞身长403.55米，输水流量1.5立方米/秒。沂北干渠又称黑马河，自嶂山北坝涵洞，引骆马湖水，沿马陵山麓20米等高线向东北延伸。至王庄穿老沭河，又向东北至高流镇北，全长65公里，灌溉面积1.6万公顷。当骆马湖水源不足时，由王庄闸上层东端闸孔，引老沭河蓄水进下层倒虹吸，再进入沂北干渠，向灌区补水；若是老沭河蓄水不足，也可由上层东端闸孔，反向出倒虹吸，补水给闸上汀槽。在老沭河以东、沂北干渠以北，建有输水流量为10立方米/秒的团结扬水站，相互调节老沭河与骆马湖水源。今人称王庄拦河闸工程是一件水利艺术杰作。王庄拦河闸东的司晤村亦有历史悠久的古城遗址。

司晤村和钟吾子国 司晤村东2里的老沭河右岸的土城，仍可寻踪古司唔城旧址。司晤春秋为钟吾子国都。公元前515年，吴国发生宫廷政变，吴公子光派专诸刺杀吴王僚成功，是为吴王阖闾。但在与楚国作战的吴公子掩余、烛庸，知有杀身之祸，掩余逃亡到徐国，烛庸逃亡到钟吾子国。待到吴王阖闾平定内乱成功，2年后就派人要徐国、钟吾子国交出两公子。然两公子闻讯，逃到楚国。吴王认为徐、钟吾子两国国君办事不力，灭徐，又捉拿钟吾子国国君，钟吾子国大概就在这一年为吴所灭亡。西汉于此置司焐县，东汉曾置司焐国。晋亦置司晤县。钟吾国都名后又演变为同吾或桐梧，今人又写作司晤，可能取其西倚马陵山之意。

马陵山，《水经注》称之司吾山，那时的沭水自建陵西竭下，有两支，一支经司吾山东、司吾城西向西南流，至宿豫注入泗水，司吾山与峰山间的洼地就是古沭水入泗的通道；另一支经司吾城东南流，至“朐县入游(水)注海”。

老沭河过王庄拦河闸后，东南流至邵店北，穿过会路桥，至口头入新沂河。江苏境内老沭河长47公里，两岸均有堤防，堤防总长87.9公里。

新沭河和分沂入沭工程，均是江苏、山东两省治理沂沭泗洪水整体规划中的“东调”工程，即是将沂河、沭河超标准洪水就近东调入海，以减轻下游抗洪负担。

新沭河的开挖和扩建配套工程 新沭河开挖的计划始于1947年，当时的山东省沂沭河水利工程总队抽出80余名科技人员，分成3个测量队，经过一年的勘测，编制成《导沭经沙入海工程计划》。导沭经沙入海道就是后来的新沭河。今新沭河是“导沭整沂”工程中为分泄沭河洪水东调直接入海而开挖的河道，全长80公里，其中江苏省境内56.4公里。除下游14公里是利用临洪河旧道外，上游8公里即沭河的大官庄东岸至沙河源头陈家巡塘为马陵山切岭工程；陈家巡塘至临洪口58公里，是在原沙河基础上扩挖的河道，区间流域面积2850平方公里。新沭河工程施工大致分4个阶段：第一阶段是1949年4月21日至1953年年底，主要是根据“导沭整沂”规划进行的，这个阶段共进行10期导沭、3期整沂，修建各种建筑物包括沭河拦河大坝、溢流堰及穿沭涵洞等79座；第二个阶段是1958年至1962年，主要是修建石梁河水库；第三阶段是1971年11月16日至1981年年底，主要是根据“沂沭泗洪水东调南下”规则共进行19期施工，完成彭道口分洪闸、新沭河泄洪闸和新沭河扩大工程；第四阶段是1991年至2000年沂沭泗洪水东调南下工程续建，主要完成大官庄枢纽的人民胜利堰节制闸及灌溉洞、石梁爹河水库加固及新建溢洪闸、下游河道扩大和水文观测及管理设施等。新沭河较老沭河入海路线缩短130公里。分沂入沭调尾后，现在可以分泄沂沭河上游50年至100年一遇的洪水总量的80立方米/秒。直接由新沭河东调入海，加之区间汇水，新沭河可强迫行洪达5000—6000立方米/秒，对保障沂沭河下游、骆马湖、陇海铁路东段的防洪安全发挥了明显作用。“沂沭泗洪水东调南下”新的续建工程已于“十五”期间实施。

新沭河上段(大官庄至石梁河水库出口)

新沭河西起大官庄北的沭河左岸。新沭河的起点大官庄,也正是200多年前的乾隆时期为减轻沭阳水灾想要开挖的一条引沭经沙入海的河道。

引沭经沙入海初议的搁置 公元1745年,据《清史·河渠志》记载:"时黄淮交涨,沿河州县被淹。"沭阳自然更是水灾严重。乾隆问及沭阳灾情和沭河治理,江苏巡抚陈大受建议在山东大头山北,即今马陵山断麓处,做切岭工程,引沭水改道经大沙河入海。就相当于今天的新沭河切岭。此事交给严继善查勘,工部又作了批示,后均以工程量过大而作罢。经沙入海不能实施,乾隆只好做出在沭河下游一律筑埝的决定。

新沭河自大官庄向南,流经0.4公里穿过1974年至1977年建成的新沭河泄洪闸。泄洪闸泄洪标准为5000立方米/秒,最大泄洪流量6000立方米/秒。闸前300米原有横跨河床的泄水涵洞,涵洞长386米,过水流量为18立方米/秒,现已为新沭河道所代替。再东南流3.2公里有牛腿沟自左岸汇入,至陈家巡会穿过陈塘公路桥。

傅作义、徐悲鸿先后到导沭工地 陈家巡会有1950年春自大官庄迁来的导沭工程委员会旧址。1953年秋天,水利部部长傅作义自沭河源头视察水土保持工程后又沿沂河南下查看了彭家道口、江风口、大官庄枢纽工程工地,当晚住在陈家巡会的导沭工程委员会驻地,他称赞"导沭整沂"工程是为全面治理淮河开了个好头。1950年春,中国著名画家徐悲鸿及其弟子3人在这里住了半个月,深入导沭工地访问写生、体验生活,与民工结下深厚友谊,还为《导沭快报》作画题词。

新沭河自大官庄至陈塘桥 6.4 公里,河槽全部为石方工程,是导沭工程初期难度最大的马陵山切岭工程。河底坡降为 1.9%至 2.3%。过陈塘桥不远,有石门河自右岸汇入,转向东南流有夏庄河自左岸汇入。

1.夏庄河

夏庄河又称苍源河,古称义水,源自临沭县北境东华山南麓,向西南流经元岭洞村南,再向西南汇入凌山头中型水库。凌山头水库建成于 1967 年 4 月,控制流域面积 33 平方公里,总库容 1228 万立方米,有效灌溉面积 867 公顷。水库位于苍山西麓,苍山海拔 394 米。登峰瞰海,碧水苍天一色,山后悬崖壁立,山前峰峦巍巍,林木葱郁,古人称之为"苍山叠翠"。苍山前的小横山有 1968 年建成的烈士陵园。纪念堂铭刻着 1114 名烈士的英名。夏庄河过凌山头水库经南沟头村东,南沟头村西北的北沟头村,历史文化悠久。

北沟头村和利城县　西汉初年,这里曾设置利城县。利城县治除东汉一度治于青口城西外,自西汉至西晋约 500 余年均在这里。秦汉时期的古城址至今仍可辨认。从发掘出土的文物看,这里有商、周、秦、汉、晋时期系统的文化堆积层,上至石斧、石刀、黑陶蛋壳陶片、量制器具等,下至铁渣、铜币、钱币、汉砖等,说明临沭古人自新石器至汉晋都在这里创造出了古代文明。北沟头村又是临沭地区重要抗日根据地,1941 年成立临沭县抗日民主政府。

夏庄河于南沟头村西南折转东南流,穿临沭县城夏庄向东南。这一河段有临沭人因地制宜地利用这条自然的、季节性的新沭河支流修建的苍源河公园和红石湖公园。苍源河公园是利用夏庄河穿越城区两条夹河堤防的弃地而修建的。在 5.5 公里长的城内河床上，建有5道翻水闸，使一年内大部分季节干涸的河道常年保持有水；还依河建有亭台楼阁、湖岛台榭，植有绿树草坛，为市民休息养身提供了好去处。红石湖公园在县城东南隅、夏庄河南岸，占地40公顷，此园亦借水创景，造出了人与水和谐相处的优美环境。在河床上建园的副作用是增加河道阻水建筑物，不利于洪水下泄。汛期必须加强预报和调度。

临沭古今 临沭周代分属鄅、祝其等诸侯国。秦汉至南北朝分属祝其、利城、即丘、东安等县。唐初始置临沭县，不久并入临沂县。宋以后分属于临沂、郯城两县。今临沭县是1941年“8·1”蛟龙湾纪念会后在北沟头村宣布成立临沭县抗日民主政府的基础豁上建立的。

夏庄河自夏庄镇东南又向西南流，由大于科东南流入新沭河。夏庄河全长42公里，流域面积225平方公里。

临沭县总面积1038平方公里。全县地形东北部和东部为低山丘陵，约占77%，西部为沭河两岸平原，约占23%。这里治理前易旱易涝面积大，1949年后的治理，在山丘区大规模修建水平梯田和台田、条田，形成较完整的排涝系统，同时兴建中小水库88座、塘坝400余处，总蓄水量约1亿立方米；又在平原区修建引河工程，使全县灌溉面积达4万公顷以上。

新沭河自夏庄河口东流至江苏、山东两省边界东，右岸汇入观音堂河后，即流入石梁河水库。自陈塘河口至省界河长13.6公里广是原沙河源头浚深拓宽段，流经马陵山丘陵地带，系沙质宽浅河身，两岸有护险工程6处。

石梁河水库 石梁河水库建于1958年冬至1962年冬，主副坝均为均质土坝，各长5200米和3650米，坝顶高程31.5米，最大坝高22米。水库总库容5.31亿立方米，是一座具有调洪、蓄水、灌溉、发电等综合利用效益的大型水库。游洪闸有15孔，泄洪流量为4000立方米/秒,后又经1966年至1988年4期加固和2000年至2001年的加固,并修建扩大泄量工程,石梁河水库防洪标准显著提高。当发生50年一遇、100年一遇和2000年一遇的洪水时,水库泄洪流量分别为6000立方米/秒、7000立方米/秒和10131立方米/秒。可防御1000年一遇洪水。另外,有输水隧洞5座,总引水流量达171.5立方米/秒,可灌溉农田5.3万多公顷。

石梁河水库左侧有朱范河从临沭县东山丘区流入。

2.朱范河

朱范河源自临沭县朱苍乡玉山北,曲折南流,右岸先后有东泮河、蛟龙河汇入,至东窝村东,左岸汇入抗日山诸水后,进入江苏省境,穿过东、西朱范村,在王堂村南汇入石梁河水库。朱范河全长36公里,流域面积240平方公里。因是山区河道,落差大,平均比降为1.74‰。朱范河两岸山村在抗日战争中多为新四军抗日根据地。

罗荣桓和"八一纪念活动" 朱范河上游临沭县的蛟龙湾,八路军115师于1941年8月1日在此举行抗战4周年的"八一纪念活动"大会。纪念活动声势很大,有友党友军、各界代表、广大人民群众近万人参加,极大鼓舞了抗日士气。罗荣桓主持了纪念大会。

刘少奇活动旧址 1942年年初,刘少奇从新四军江北指挥部返回延安时曾取道苏鲁交通线,在朱范、南辰留住半年之久,并写下指导革命斗争的论著《中国革命的战争和策略》《群众运动问题》《思想方法问题》等。

朱范河治理开发 朱范河原为朱嵇河和范河上源的合称,1974年江苏省赣榆县在山区建起一级截洪沟,1975年建成古城扬水站,从石梁河和西部山区截洪水入小塔山水库,又可排涝21平方公里的区间径流。1976年建二级排洪沟,由朱孟扬水站从石梁河水库抽水和从西部地区截洪水，与小塔山水库及其灌溉渠相连，又可排涝55平方公里的区间径流6石梁河水库大坝下，有孟曹总渠与范南、朱南二干渠相连，使石梁河水库在赣榆县灌溉面积达4.5万公顷。

抗日山烈士陵园 一级截洪沟西北，即赣榆县夹山乡境内马鞍山顶峰，耸立着1941年建成的抗日烈士纪念塔以及后续建的烈士陵园、烈士碑林等。今烈士陵园共有8个区域：一是拱形陵门楣上书“抗日山烈士陵园”7个大字，抗日山是1943年改夹山而命名的；二是绿草如茵的草坪；三是小沙东海战烈士冢，记录着1943年新四军50名干部战士北赴延安学习途经小沙东海面时，与日寇巡逻舰遭遇，彭雄、田守尧等16名烈士在战斗中牺牲的事迹；四是形似炮弹、直指苍穹的国际共产主义战士希伯纪念碑；五是符竹庭墓区的六角亭式建筑，记录着滨海县委书记符竹庭1943年11月26日在赣榆一次战斗中不幸牺牲的事迹；六是纪念塔，塔顶是持枪面向大海的八路军战士形象；七是纪念堂，堂内刻有为抗日而牺牲的3500名烈士英名。

抗日山原名祝其山，因古有祝其城、祝其县而得名。祝其县为西汉设置的县。祝其山原为夹谷山，春秋时期，孔子代表鲁国与齐君于此相会。今夹山仍存有遗碑5块，一碑勒文是“孔子相鲁会齐侯处”，显然是后人所立，但《左传》记载“公会齐侯于祝其”多指莱芜西南的夹谷邑。

3.石梁河水库右岸水系

石梁河水库右岸有磨山扬水站和向东海县西南大石埠水库送水的龙梁河。

(1)龙梁河开挖和开发

龙梁河为1972年至1981年开挖兴建而成。其名称由来，从原来计划兴建东海县西南的江苏、山东两省边境的龙门大型水库开始,至石梁河水库的新河,故名龙梁河。龙梁河开挖后,因龙门水库牵涉两省具体问题而未能兴建。现龙梁河只能由大石埠水库开始,沿高程 49.5 米至 50 米开挖,到羽山沿高程 43 米至 44 米开挖至石梁河水库,全长 65 公里。这是一条两级等高“长藤结瓜”式河道。龙梁河自磨山闸和磨山扬水站上溯向西南送水。

磨山及其胜迹 磨山,明以前称末山。顾祖禹说以其北部大山绵延至此而尽,故曰末山。末,尾也。后人以其谐音写为磨山。磨山顶峰有 1945 年建成的縻山抗日烈士纪念塔。

龙梁河接受磨山扬水站送上来的水向西南输送,连接磨山、东连湾、两连湾等小则水库,又经羽山扬水站送上 4 至 5 米高程,向西南输送。中有进库闸与羽山水库、横沟水库相连。羽山闸北有海拔 269 米的羽山峰,地处临沭、东海县边界上。

羽山思鲧 羽山又名惩父山,远古时代为海中小岛,《梦溪笔谈》中的“尧殛鲧于羽山”就指这里。羽山因其谷之土石具五色如雉故名。鲧是中国治水中的传说人物,因其居于崇(今嵩山)又号崇伯。《史记·夏本纪》载:“当帝尧之时,洪水滔天浩浩,怀山襄陵,下民其忧。尧求能治水者,群臣四岳皆曰鲧可。”可是鲧奉命治水,却用筑堤防水之法,9 年而水不息,被殛死于羽山。地方志资料记载,现在羽山仍有殛鲧遗址:羽峰东侧,有一斜立巨石,高约 10 米,名为“三缝石”,有 3 道齐崭崭自上而下的石缝,传说是殛鲧前的试刀处。山顶有殛鲧泉,传说鲧死后变成 3 只腿的鳖,居于泉下,每逢阴雨天气,泉水腥不可闻,牛羊不饮。山南有温泉,传说是鲧治水热情不灭,化为一股热泉长留人间。此泉原名羽山温泉,今为东海温泉,在温泉镇。温泉出口处水温达 80℃,日流量 1000 吨以上,水质优异,富含无机盐。如今,东海县已开发为温泉疗养院,年接待来宾达百万人。

龙梁河自羽山闸南流，与黄洼、温泉、香岭、昌黎等中小型水库相连。再向西南又与10多处中、小型水库相连，直至大石埠水库。河库间有闸控制，河库水经人工调度，能分能合，能引能控，能蓄育邕泄，互为调节。昌黎中型水库建于1958年6月，总库容2210万立方米。横沟中型水库建于1958年6月，总库容2529万立方米。龙梁河建成后，不仅拦截河道以上山丘区250平方公里汇水，避免其对下游的危害，还可以使这些水经水库调蓄，综合利用：一是使多余水有步骤下泄；二是为沿河14个乡、25万人口、4万公顷耕地提供必要水资源。如本地径流不够使用，还可以利用龙门、羽山、磨山提水站提取外水补给。沿线已建成进水闸、泄洪闸4座，桥20座，涵洞11座。昌黎水库东南尹湾村汉墓出土的竹简极为珍贵。

尹山汉墓竹简 昌黎水库东南的尹湾村，有1993年发掘的汉墓竹简116枚、木牍24件，上有墨书文字约4万余个，包括已佚失的古佚书《神乌传》，还有《起居记》《行德行时法》《行德吉凶法》等以及一些档案资料，对研究汉代社会、政治、经济、文化、书法都是十分珍贵的资料。

(2)石安河开挖和开发

石安河是连接石梁河与安峰山两座大型水库的人工河。它是于1960年至1971年春沿地面高程18米开挖的等高截水的平底河道，后又经继续配套建设，才成为现在的既能截水、调水、蓄水，又能有引、灌、泄、航运、发电等综合利用的河道。石安河截水面积420平方公里，可灌溉农田3.3万公顷。石安河工程建设十分艰巨，不仅要开挖土山、衰湖、凤凰、伍湖、停埠、东安、贯庄、葛宅、张庄等10余处高丘，最大深度14米，还要截断张桥、磨山、伍湖、河口、埝河、汤河、石树河、望烟河、范埠河等10余条小河流。其所截暴雨径流经调蓄后，分别由磨山河、埝河、范埠河等下泄。石安河工程建筑物有泄洪闸4座、公路桥7座、生产生活桥14座、渠道工程 20 座、水泵站 4 座、水电站 4 座和拦沙坝 20 余处。石安河工程建成后，不仅处理了高低水、洪涝水、蓄排水的矛盾，还能引外来水为农田提供灌溉。在房山、芝麻两级扬水站建成后，能将从淮沭新河引调的江淮水，从 5 米高程翻进 18 米高程的石安河，是一条综合效益极好的河道。

东海县古今　位于石安河西的牛山镇是东海县政府所在地。东海县古为郯予国地，战国时先属鲁，后属楚。秦汉晋时先后属薛郡、郯郡、东海郡。至南北朝刘宋时始置东海县，县治在云台山一带，此后多属朐山县，民国元年曾复建东海县。今东海县为 1950 年恢复的，全县总面积 2248 平方公里。东海县原是洪涝旱渍碱频繁发生的多灾区。1949 年以后，不断进行大规模治理，主要是以“四河”为纲，不断进行治理开发。“四河”就是按高程 43 米至 44 米和 49.5 米至 50 米两段不同等高线开挖的龙梁河；按高程 18 米等高线开挖的石安河；按高程 5 米等高线开挖的沭新河；按河底高程 0.5 米至 2.5 米等高线开挖的蔷薇河。经过近 50 年治理配套及农田水利建设，已建成可防洪、涝、旱、渍、碱等的水利工程体系，建成为排、蓄、引、提运用自如的新水系，有效灌溉面积 8.7 万公顷。房山，水库西有 1958 年挖出的“水晶大王”。

东海“水晶大王”　属于郯庐断裂带的东海县山丘区，经亿万年大海浪涛的冲刷，见于地表浅层的东海县境内矿种繁多，其中水晶、蛇纹石、云母、金红石、重晶石、石英、蛭石等都已开采利用。主要是水晶的储量大，质量好。许多水晶石均已开采加工成琳琅满目、各色俱全、形式别样的艺术珍品，畅销国内外很多地区。1958 年修建房山水库时，房山乡拓塘挖出的重 4085 公斤的水晶石，被誉为“水晶大王”，现被保存在地质矿产部博物馆。

安峰山水库　安峰山水库是石安河西南的连接水库，原本在蔷薇河支流厚镇河上。该水库于 1958 年建成，控制流域面积 176

平方公里，总库容 1.2 亿立方米。大坝为均质土坝，主坝长 2326 米，高程 20 米，最大坝高为 9.5 米，副坝长 4265 米。大坝东端为溢洪道，最大泄洪流量 335 立方米/秒。水库有输水洞 3 座，输水流量分别为 5 立方米/秒、11 立方米/秒和 38 立方米/秒。水库有效灌溉面积 3300 公顷。安峰山水库西有阿安河连接阿湖与安峰山水库，能有效调节水资源。

厚镇·曲阳 厚镇河从其流经古厚镇而得名。古厚镇有古厚丘县城遗址。西汉设置厚丘县，王莽曾改为祝其亭县，东汉复为厚丘县，南朝宋废，北魏曾驻重兵戍守。南朝萧齐建武二年(公元 495 年)攻魏，占领建陵、驿马、厚丘三城，并置厚丘县。不久为北魏占领，又废厚丘县。唐武德年间复置厚丘县，其遗址即今安峰山水库北曲阳村西南水库之滨的汉代土城，今土城面积仍有 2.7 平方米。地方志记载，厚丘城有 4 门，即东曰“笔架房青”，西曰“马陵气爽”，南曰“安峰午睡”，北曰“羽屏眉列”，均是指四周山形、山景、山态。房山、马陵山、安峰山、羽山今名犹存。

新沭河下段(石梁河水库出口至入海口)

新沭河出石梁河水库向东南流,右岸有磨山河汇入。磨山河源自磨山东麓,上有磨山水库。东流至青湖镇,为石安河所截。现磨山河源自青湖节制闸小发电站以下,于黄川村北入新沭河。新沭河左岸、磨山河口东北即是赣榆县沙河镇。沙河镇以其位于大沙河旁而得名。大沙河即是分泄沭水东流经沙入海的新沭河下游河道。汉代曾于沙河镇设置武陵郡。历史上大沙河水患十分严重,《儒林外史》中对大沙河灾害的描写就是取材于此。现在新沭河已代替大沙河,化水害为水利,沙河镇现为鱼米之乡。

新沭河穿过蒋庄漫水桥、墩尚公路桥、朱圈漫水桥,至小东关,有沭南、沭北运河交汇,这是通榆运河整体联结的一段。新沭河再至太平庄挡潮闸,过大浦镇北,又折向东北流,右岸有蔷薇河、大浦河汇入。再向东北过三洋港入黄海。石梁河水库大坝至临洪河口全长 45 公里,两岸已筑堤,左堤 40 长公里,右堤长 38 公里。

未实施的全淮于临洪口入海计划 临洪口曾是费礼门《导淮计划书》中提出的全淮入海口。美国广益银公司水利工程师费礼门,受北洋政府邀请来华洽谈南运河治理借款问题,并收集治淮资料回国后发表《导淮计划书》,主张淮河全量入海,路线是自五河县,经洪泽湖北端开直河向东穿运河、六塘河、盐河至临洪口入海,所需经费 600 万美元,后未实施。

1. 蔷薇河

蔷薇河名趣 蔷薇河以其沿岸盛植蔷薇花而得名,但这仅仅是一种传说。连云港张传藻查阅许多档案资料认为，蔷薇花被《本草纲目》作者李时珍视作荼蘼，其中花开得最大的是一种叫“佛见笑”的。西方还将荼蘼制成花露水，供于佛前。在佛教盛行地区，有用蔷薇来命名河、沟、山泉的。蔷薇河东岸的云台山自汉唐以来，佛教香火都极鼎盛，明代更是盛极一方。用蔷薇命名北通大海、南通淮泗的河道也是佛教中一种传统敬佛的习俗。

蔷薇河变迁和治理 据地方志资料记载，蔷薇河可以说是河道变化极大的河。很早以前，它的源头在今东海县西北的羽山，东南流至海州南10公里汇入石湫河。地方志资料还记载，古代海州境西诸山之水多汇于此以达海。明代顾祖禹记述蔷薇河是从新坝东北流入海、南达淮阴的漕运河，清末的蔷薇河是从今沭阳县北的古桑墟湖向东北流入海的，今前蔷莜河就是其遗迹。明代中叶就开始有疏浚蔷薇河的记载，明《海州蔷薇河纪成碑》记载:“东接大海、西入涟河，回游以达淮泗。”蔷薇河旧为盐漕运道，因黄河和沂沭泗河经常泛滥，蔷薇河经常淤塞，明清时屡有疏浚，清末至民国期间，蔷薇河年久失修，同沂沭泗其他下游河道一样，洪涝灾害十分严重。

1955年以后，先后多次对蔷薇河进行治理，最后总结出的有效措施主要是“分割圈圩，建站抽排，以排为主，结合灌溉”的综合治理方法，加之疏浚河道，建设堤防、桥梁、涵闸和洪涝分治、高低分排、内外分开的工程措施，不仅较好地解除了这个地区6万余公顷农田的洪涝灾害，还为该地区农田灌溉和向北部供水提供了条件。

蔷薇河上游的黄泥河原发源于沭阳县西部高地，右汇虞溪沟。

虞溪与虞姬 虞溪沟古名虞姬河，为项羽夫人虞姬生长之地。后人纪念美人虞姬为了丈夫项羽能够在垓下突围成功，不惜自刎而死的女子气节，对其故乡小河取名虞姬河。虞姬河畔，有项家宅及虞家宅。据说是项、虞二姓的先祖居地，后人还建有虞姬庙。虞姬沟后被截入岔流新开河。

今蔷薇河上游的黄泥沟向东北流，有新五河、古河、厚镇河、友谊河相继汇入。新五河全长 22.6 公里，流域面积 385 平方公里。新五河上游的阴平镇，汉为阴平县，汉成帝曾封刘回为阴平侯。晋武帝封鲁芝于此。黄泥沟东北流至小吴场有沭新河穿黄泥沟之倒虹吸，倒虹吸以东黄泥沟则称蔷薇河。

蔷薇河沿东海、沭阳两县边界东流至陈口北进入东海县，左岸汇入民主河，右岸汇入前蔷薇河。至连云港市锦屏山西，左岸汇入马河后即进入市区，向东北，于临洪河口入新沭河，全长 97 公里，流域面积原为 1819 平方公里，治理山丘洪水截去 400 平方公里，现仍有 1358 平方公里。与蔷薇河同入新沭河临洪口的，其东还有大浦河。

2. 大浦河

大浦河南接盐河，在新浦区又与东盐河相通，北流过市区入临洪口。新浦区西南有锦屏山、秦东门遗址。

锦屏山·孔望山·秦东门　锦屏山主峰海拔 427 米，古称朐山，包括北侧的孔望山、石棚山和白虎山。南侧和匕花涧、将军崖附近有 1979 年发现的旧石器时代的石刻。将军崖以其石刻有人牵马而得名，世称“将军崖岩画”。岩画长 22.1 米，宽 15 米，有人面、农作物、兽犬面及各种原始符号。岩画南端有星象图，岩画上方有古代民族进行社祭的遗址，是中国古代东部沿海唯一的“民族祀祭图”。将军崖岩画东 2.5 公里有旧石器时代晚期遗存石刻及汉代摩崖石刻。附近有宋企交战的古战场遗迹、宋代船工雕刻的船队岩画。锦屏山北面有孔望山，孔望山因孔子问官于郯子时曾于此登山观海而得名。这里的东汉佛教摩崖造像，既有外来佛教内容，又有中国道教题材，对中国佛教传入史研究均有极高价值。孔望山龙洞庵西侧还有石刻 24 处和石雕大象 1 座，大象高 2.6

米、长 4.8 米，附近有石雕蟾蜍 6 个。山顶有反映道教崇拜意识的杯盘刻石。史志记载朐山“上有双峰如削”，俗称马耳峰，旁有龙潭，水甚清冽。这是秦始皇三十五年(前 212)东巡，立石东海之朐山中，以为“东门阙”。这就是后人所称为的“秦东门”。《史记·秦始皇本纪》记载秦始皇计划在关中建宫殿 300 余座，在关外建 400 余座，并下令“立石”东海上朐界中，以为秦东门。秦东门是秦都咸阳直通向东，连接大海的通道。说来也巧，据今人测算，成阳与秦东门都是处在后人划分的北纬 34.4 度线附近，秦东门正是咸阳的正东位置。说明当时建秦东门的设计者有准确的地理方位知识。公元 154 年，朐山山崩，东门石阙倒塌，从山顶落下摔成几段。今秦东门旧址在孔望山上。汉桓帝东海相任恭修建东海庙时，秦东门断石被加工成庙碑基座。

东盐河经新浦区东向二化，又经云台区穿陇海铁路向东北，到连云区南，接排淡河向东，过跳板闸入海，尔从河所经之地足连云港市的 3 个区，故东盐河又名玉带河。

连云港·新浦·海州　连云港市在夏商属于徐州地域，周时为郯子国南境，战国属楚。秦以朐山始置朐县，其时朐山东临大海，传说秦始皇两次东巡登朐山，都想去东部海域中的“秦岛”。每当潮落，秦岛西部便露出一条鹅卵石堆成的道路，一直向大海延伸，长约 10 公里，任凭风吹浪打，这条路径形不变、位不移，传说是秦始皇用赶山鞭修筑的神路。1993 年，连云港市又将 2000 多年前秦始皇用赶山鞭建神路变为现实，建成了雄伟壮阔的连接连云港镇与东西连岛的拦海大堤。连云港 1933 年年初建市，就是因老窑港口介于连岛和云台山之间，取其首字而得名的。1948 年，曾一度建成新(浦)海(州)连(连云港)特区，而 1961 年又恢复连云港市至今。今连云港市辖新浦、海州、连云、云台 4 个区和东海、赣榆、灌云 3 个县。连云港因地理位置原因，顾祖禹曾说这里“阻海连山，为南北襟要”。王应麟曾说:“海泗者,东南之藩蔽。得泗可以取淮北,得海可以收山东。”正因如此,中国历史上的一些统一战争,或是南北对抗争夺的战争,往往在这里显得十分激烈。东汉刘秀初年,原赤眉军将领董宪退保朐山,为刘秀大将吴汉所包围,最后城破,董宪被杀,刘秀很快荡平山东诸地。南北朝和五代十国时期,朐城都是双方争夺的焦点。公元 480 年,北魏攻南朝齐,从青州出兵,先围齐之朐山,为齐胸山守将打败。不久魏将拓拔嘉率十万大军围胸城。齐之朐山戍主玄元度固守不出,后在青冀二州刺史援助之下,大破魏军。齐又以青州、东莞、琅琊乔治于朐。以后朐山又沦没于北魏。梁天监五年(公元 506 年),梁桓和攻克魏朐山城。公元 511 年,琅琊民王万寿叛乱,杀梁东莞、琅琊太守刘晰,据朐山投靠北魏。梁将马仙碑围朐山。冬天,魏守军以朐城降梁,魏援兵逃走,马仙碑追击魏军大胜。在梁侯景之乱中,朐山又没于东魏。南朝陈时,陈将刘桃枝又克服朐山。后周以此为朐山县,兼朐山郡治。隋将东魏治于龙苴的海州移治朐山。宋金对峙时,宿迁人魏胜曾组织义勇军由涟水抗金到海州,兵围朐城下,魏胜用计:一面于城外遍插红旗,焚烧烟火作疑兵,一面向城中喊话,鼓动城内人民抗金杀敌,最后赶走金兵,占领海州城。魏胜被军民推为海州主事者,魏胜怕孤军无援,除向南宋政权和抗金将领联络外,又收复金人占领的沭阳、赣榆诸县,义勇军扩充到万人,并在新桥(今连云港市北)石堰和市东海战中,均给金人以重创。锦屏山附近宋金交战的古战场遗址就是这个时期留下的。在 1948 年 11 月解放战争时期,占领海州,切断国民党军海上联系,为解放军于碾庄包围歼灭黄(百韬)李(延年)兵团创造条件,并为稍后的淮海战役的彻底胜利打响了第一枪。

如今已成为现代化港口的连云港又被世人称为欧亚大陆桥头堡。

欧亚大陆桥头堡 连云港作为欧亚大陆桥头堡,与陇海铁路、出海港、本地物产有密切关系。陇海铁路始建于1905年，1925年始建徐州以东段，1945年始建宝鸡至天水段，1950年始建天水到兰州段。但规划徐州以东段的线路时，国民政府有争议，一是以张謇为首的通州实业家主张徐州直至通州；以沈云霈为首的海州实业家则主张沿先秦驰道，建徐州至老窑段铁路，此议得到孙中山的积极支持并于1925年修建至新浦，1932年新浦到老窑段始建，1935年6月完工。在1962年建成兰新铁路，1992年打通阿拉山口，中西铁路接轨后，连云港遂成为西至荷兰阿姆斯特丹，东至黄海，横贯欧亚的大陆桥的东部桥头堡。

花果山 锦屏山北之新浦市区有花果山，花果山的赤峰顶海拔625米，是江苏省最高峰。山间四季云雾缭绕，终年泉水不绝，花开四时，古木参天，其千年银杏、百年桂花树以及明代松柏、清代玉兰等为花果山创造出一个访古寻幽、生态优美的自然环境。花果山原是浩瀚大海中一列孤岛，因这里位于郯庐断裂带一侧，地壳不断变迁，特别是公元1668年郯城大地震后，沧桑巨变，到清康熙五十年(公元1711年)这些岛屿始与大陆接壤。隋唐时期，花果山已是寺庙观院遍布，仅赤峰岭一处就有36座。花果山又是众所周知的吴承恩写《西游记》的取材之处。山上有女娲遗石、水帘洞和孙悟空擒妖的72洞。其中，三元宫又是花果山重要景区，传说唐代宰相殷开山的3个外甥修炼成天宫、地宫、水宫3位神仙，天宫赐福，地宫赦罪，水官解厄。今当地居民还称其为“三元兄弟”。特别值得研究的是，达里第一次把水与天地并列，突出水能解救人间厄运的本领。神话是古人对自然现象和社会生活的一种天真的解释和美丽的向往。这也反映连云港先民对水神寄予无限期望。三元宫始建于唐，重建于明，经清代多次修缮，规模更为宏大。明神宗和清康熙、乾隆都赐其匾额。花果山大村水库之南有1978年出土的汉代简牍30片，水库之东有海青寺唐塔。

蔷薇河经锦屏山西向北，值得一提的除淮沭新河列入专节外，沿途汇入的还有鲁兰河、乌龙河。

3.鲁兰河和乌龙河

鲁兰河原是一条古河，源自东海县西马陵山，途经宋鲁兰古城，故名鲁兰河。鲁兰河全长 32 公里，流域面积 306 平方公里。中华人民共和国成立后对鲁兰河进行了多次治理，主要是将河底拓宽到 30 至 60 米，修筑中下游两岸大堤长 40 余公里，共建涵闸 33 处、桥 4 座。同时，在鲁兰河上游，石安河以东 190 平方公里岗地汇水，开挖一条 10 米高程截水沟，将其拦入鲁兰河，由临洪闸入海。乌龙河原名五龙王河、五龙河，俗称乌龙河，全长 31 公里，主要是将 231 平方公里的区间汇水，排至临洪西站，由西站抽排入海亦兼引水航运之利。

新沭河汇蔷薇河后向东北流，至范河闸口有范河汇入，至朱稽河闸口有朱稽河汇入。现范汀源自赣榆县门河乡堰水房村，向东南流，主要排泄朱稽河以南、新沭河以北区间 265 平方公里来水，全长约 30 公里。

4.朱稽河

朱稽河发源于赣榆县西部夹山乡一带山区。上源有东西两支，东支称城头河，西支源自祝其山。

朱稽河上已修建一、二、三级翻水站，能把淮沭新河送来的江淮水翻引至石梁河或小塔山水库，以供应沿岸城乡用水之需。朱稽河的东支和西支合流后向东南流，穿过朱堵漫水桥后，又分南北两支，北支即朱稽副河，直接入海，南支是老河，入新沭河。朱稽河全长 34 公里，原流域面积 276 平方公里，后上中游为石梁河及小塔山水库截取 101 平方公里，现仅剩 175 平方公里。

日照、赣榆独流入海诸河

由新沭河入海口沿海岸线向北，至山东省日照，先后有青口河、兴庄河、龙王河、绣针河、巨峰河、傅疃河和两城河等独流入海的河道。

1.青口河

青口河源自山东莒南县十字路镇草沟西北岭。自源头东南流至洙边乡西北，有长20公里的马家峪河自右岸汇入。

栗王景区　洙边镇因“栗王景区”而于2000年被评为“全国水土保持生态环境建设示范乡镇”，洙边小流域治理同时被评为“全国水土保持生态环境建设示范小流域”。20世纪90年代，党和国家领导人胡锦涛、朱镕基、姜春云、吴官正等都到这里视察过。这里的栗王景区面积18平方公里，森林覆盖率达45%，仅果树就有2000公顷，其中300年以上果树有1200株。有一棵果树的树龄达700年，被称为“栗王”。栗树被当地称为利子树，象征子孙兴旺发达。

青口河再向东南经三界首村西东南流至赣榆县境。三界首村，有山东学者认为是西汉祝其县治，但有争议。青口河又东南经子贡山东，再向东南汇入小塔山水库。

小塔山水库和晒书台　小塔山水库建成于1959年，控制流域面积386平方公里(其中山东境内184平方公里)，总库容2.82亿立方米。小塔山水库西北古有万松山，相传春秋后期孔子的学生子贡由齐赴吴，路经此山遇雨，淋湿了所带书籍，不得不等到天晴时于山石晒书,其晒书之石被后人谓之端木(子贡的姓)书台,万松山后改名为子贡山。小塔山水库后经多次除险加固,可防御200年一遇洪水,设计灌溉面积1.67万公顷,而有效灌溉面积已达2.02万公顷。青口河自小塔山水库坝下再东南流,经青口镇折向东入海,全长64公里,流域面积503平方公里。

青口河治理 从1956年起,江苏、山东两省针对青口河上游河床比降大、中下游平原河床易淤积、极易造成严重水旱灾害等的问题,进行了全面规划和综合治理,一是在山丘区兴建小型水库99座、大型水库1座,控制流域面积的77%;二是开挖3条截洪沟,即沿55米至60米等高线全长16公里的环岭截水沟、全长14公里的沭北一级截洪沟、全长18公里的沭北二级截洪沟;三是山东莒南县筑堤26公里,江苏小塔山水库以下的青口河兴建邵庄渡槽跌水、沙河子漫水桥、青口漫水闸、入海口挡潮闸4个梯级开发控制工程。经过40多年的不断治理,青口河遏一般洪水年不再为患,日降雨150毫米也不受灾,灌溉面积达2万余公顷。

赣榆古今 赣榆历史文化悠久,仅新石器时代和夏商周文化遗址就有10余处。秦时县境属郁州。西汉初置赣榆县,治所在今青口镇东北的盐仓城,后为赣马城。《太平寰宇记》记载的"青山之阴有汉赣榆县故城"即指此处。东晋时移治于今连云港市东北的古郁洲上。古郁洲为大海中之大洲,周数百里(《山海经》)。唐初于今赣马镇置赣榆县,后并入东海县。南唐于今赣马镇置怀仁县,北宋复置怀仁县。金于赣马镇治赣榆县。元明清及民国时期均治赣榆县于赣马镇。1943年,因滨海县委书记符竹庭牺牲于赣榆,曾改为竹庭县,1950年恢复赣榆县。1952年,移县治于青山之南的青口镇。誊今赣榆县总面积1402.5平方公里。

青口镇盛事 青口作为县治虽较晚,但由于是青口河流经之地,文化历史也很久远。青口古有青山城,唐武德四年(621)曾置青山县。900 多年前的北宋时期,古观音堂的宏大庙宇就是从这里拔地而起的,继之是一些士大夫也在这风凉水便的观音堂四周建起了亭台楼阁。青山绿水,雕梁画栋,朝霞暮雨,吸引了一些骚人墨客来此。《儒林外史》的作者吴敬梓曾在此度过少年时代。《镜花缘》的作者李汝珍曾数次到青口探胜访友,流连忘返。《西游记》的作者吴承恩曾到这里收集过素材。清末张謇曾被聘为青口选青书院山长,而张謇又于此得以攻读和学习深造,不久考中状元。1926 年,赣榆县第一个共产党员、北京大学学生张竞同到家乡青口宣传共产主义。1928 年,赣榆第一个党组织就在青口义成小学建立。1941 年年底,八路军 115 师教导二旅发起青口抗日战役,毙敌 200 余人,俘敌 1200 人,还缴获大量枪炮等军用品,取得重大胜利。中华人民共和国成立后,青口作为县政府所在地,工商业都取得全面发展。青口镇西有古城,是东汉曾经一度设置的利成县故城。

由青口河入海口向北不远,即是兴庄河。

2. 兴庄河

兴庄河主源赤涧河发源于赣榆县北部海拔 364 米的大吴山东麓,源头有大赤涧村,以此名河,南流经赤涧水库,至谷店子。上源河道狭窄,河陡流急,极易成灾。1955 年以来,在这里兴建小水库 6 座、塘坝 36 处。谷店子以下的治理,即是将中游官庄河于梁东沙河西截入龙王河,又对于流进行裁弯取直,挖河复堤 40 公里。1958 年,在入海口兴建挡潮闸 1 座,治理后解决 1.5 万公顷农田排涝问题,可蓄淡灌溉 2000 公顷,又有挡潮御卤之利。兴庄河全长 27.5 公里,流域面积 162.5 平方公里。

3. 龙王河

沿兴庄河口向北是龙王河口。龙王河又称龙河,以形似巨龙而得名。龙王河源自莒南县文疃镇南坡，西南流，右岸有长11公里的北大庄河汇入。再向西南流汇入相邸水库。相邸水库建于1960年，控制流域面积120平方公里，总库容5000万立方米。

毛泽东批示的两个村 毛泽东曾于1955年12月27日在相邸水库源头上的高家柳沟村团支部创办技工学习班的经验材料上作出批示："这个村的团支部创造性工作，令人十分高兴。"毛泽东于1955年在相邸水库之东的王家坊前村13户农民自愿组织"新建合作社"材料上批示："启发社员在条件许可后投资，解决资金不足困难是完全可能的。"此后，这两个村的经验很快在全国推广。改革开放后，王家坊前村群众集资办厂，发挥石刻技术之长，使石刻制品远销40多个国家和地区，被称为"与时俱进的老楷模"。

龙王河出库后向东南流，右岸有王家庄河汇入。至壮岗乡陈家河庄南进入赣榆县境。龙王河过江苏前石堰村有谢湖河自右岸汇入，上源有龙泉河小流域，是淮河水利委员会治理的重点。向东南与东支长20公里的莲花河汇流，再500米，有1965年兴建的石堰漫水闸，共有6孔，泄洪流量为945.5立方米/秒。石堰漫水闸之东西与龙北干渠、环岭干渠相连，使水资源相互调剂，发挥排涝、排洪、灌溉作用，从而成为多功能水利工程。

龙泉河小流域综合治理 龙泉河小流域是淮河水利委员会自1989年起，用5年时间在淮河流域进行第二批13个小流域综合治理试点之一。该小流域位于赣榆县谢湖河支流龙泉河上游，北与莒南县毗邻，总面积26.7平方公里。该试点主要是探索和研究花岗片麻岩低山丘陵漫岗区水土保持技术和综合治理开发的有效途径。经过治理，已建立起水土资源开发利用骨干工程，土壤侵蚀量下降到原来的1/4，植被覆盖率达36.8%，增加了1倍。

石堰漫水闸北的龙王河左岸，就是1999年被水利部、财政部列为全国首批"十百千"工程试点小流域的怀仁山小流域。怀仁山小流域已治理面积达95%,工程良好率达95%。怀仁山相龙泉河两个小流域治理带动赣榆县34个小流域共同综合治理。

龙王河再向东南流,经海头镇东南入海,全长75公里(其中山东境内47.5公里),流域面积582平方公里(其中山东境内423平方公里)。龙王河于1955年以后进行了系统治理,建中型水库2座、小型水库46座、防洪闸坝9座、抽水站60余座,灌溉农田8000多公顷。海头镇朱莲口因河道、气候原因,素有"不淤港"之称。又因为气候温和,阳光充足,浮游生物十分丰富,为海洋鱼类提供了充足饲料,因而是鱼类特别是"对虾"养殖的优良环境。

自龙王河入海口向北10余公里的海岸西,即是著名的徐福村。

徐福村寻古 相传秦始皇东巡,欲于海上求"长生不老药",派赣榆名医徐福率3000人,包括五百童男、五百童女,乘楼船去东海外寻觅仙药。寻"长生不老药"当属荒唐之举,自然也是不可得的。史书未能记载他们回国,传说他们东渡到日本,并向土著日本人传授医药和冶炼等技术,这也是中日友好的一次往来。后人在徐福东渡之地建徐福村、徐福祠。1985年,全国政协副主席赵朴初还为金山乡徐福故里撰写了"徐福村"碑文。

4.柘汪河

再沿徐福村海滨向北,经柘汪河口,柘汪河因柘汪村得名。柘汪乡甘县村有古纪城遗址。

甘县村·古纪鄣·游水入海口 古纪城即是春秋时代古纪鄣城。莒子被齐军追逼,躲在纪鄣城,一位为丈夫报仇的妻子用纺搓的绳索,帮助齐军爬上城墙打进了纪鄣,即是这里。柘汪口曾是古游水入海口。古游水,据《水经注》《水经注疏》和武同举《淮系年表》资料综合分析,古游水是古淮河干流在今涟水县东约1.5公里向北流的一个分支。古游水的南段大致循着今盐河的方向，到今连云港市西，直向北，经古利成县故城（在今青口镇西古城）东，又北经计斤县故城（约在今赣榆县石桥乡西，计斤城古为计斤邑，西周曾是莒国所都之城，又称南莒。西汉于此置计斤县，东汉废），游水再经纪鄣故城南入海。

由柘汪河入海口向东北过石羊河入海口，又至绣针河入海口。

5.绣针河

江苏、山东两省交界处的绣针河，源自莒南县朱芦乡刘家彩村西北三皇山东坡，向东南流汇入大山水库。大山水库建于1960年，总库容1600万立方米二绣针河出库后南流，至朱府村两有铁牛庙河自右岸汇入。铁牛庙河源自厉家寨乡山区。厉家寨曾是我国农业合作化时期治水改土的榜样。

毛泽东批示厉家寨　毛泽东1957年曾在《厉家寨大山农业社的报告》中批示："愚公移山，改造中国，厉家寨是个好例。"厉家寨原是一个穷山村，但他们艰苦奋斗，大兴水利，改造山区，削岭填沟，把1000多块零碎山地，整理成70块总面积为101.3公顷的"三合一"水平梯田。同时，修建小水库11座、谷坊1600座。又在786.6公顷的荒山上全部植树，保持水土，使当地粮食产量大幅增加。厉家寨治理水土仍为现今水土流失治理提供了好的经验。

绣针河目朱府村南进入日照市与莒南、赣榆县交界处东南流入海，沿途接纳坪上河、埃沟河、大槽河等。绣针河全长46公里，流域面积370平方公里。绣针河入海口东，有1983年建成的8个500吨到2万吨级泊位的岚山港，这是山东省南部物资分流的重要港口之一。

6. 巨峰河

巨峰河源自甲子山南坡，北流至前崖村人巨峰中型水库，出库后向东南流，右岸汇入山河。再东流至苗家村南，有长 13.8 公里的大家庄子河自右岸汇入。继续东流，至涛洛镇东南入海。巨峰河全长 32 公里，流域面积 207 平方公里。甲子山北即浔河源头。

沿巨峰河口向东北到傅疃河口。

7. 傅疃河

傅疃河口西有尧王城遗址。

尧王城遗址 尧王城，传说尧在这里住过，故名。这虽是传说不足为凭，但根据考查，尧王城遗址确系四五千年前的城邑之址。1978 年至 1979 年的两次考古，发掘古墓 40 多座、房基 3 处、文物 200 余件，其中红彩陶、黑陶、石斧等文物为"龙山文化"研究提供了新的地层关系依据。

傅疃河古名寨河，源自五莲县韩家窝洛西北大马鞍山南麓，向南经卧象山、九仙山名胜之地。

卧象山、九仙山胜迹 卧象山位于五莲县东南 10 余公里处。清初著名文人李澄中、张侗、张衍、丁豸佳等曾住此山吟诗论文，刻石记名，流连这里的山水和清风明月。山有奇秀的杰门、珑塔峰，水有气势恢宏的白龙潭。张侗还编有《卧象山志》4 卷，广为世人所知。九仙山在卧象山东南不远。《名胜志》记载："九仙山高耸摩空，常有仙人居之，峰峦十有一，盘石十有八。"苏东坡极言其高耸雄奇"九仙今已压京东"，又说九仙"奇秀不减雁荡"。九仙山海拔 601 米，隔壑与其东数公里的五莲山对峙。

傅疃河南流至徐家沟南有长 10 公里的坊子河自右岸汇入。再南有长 10 公里的阎马河、长 13 公里的挑沟河分别自右岸和左岸汇入。

挑沟河源自九仙山南麓，挑沟河东岸即是著名的盘古城遗址，这个遗址系战国时期兵营遗址，面积5万余平方米，出土文物除陶器、铜制剑、戈、箭等兵器外，还有八方铜印。

傅疃河至西洪河村，进入日照市境南入日照水库。日照水库西北有长14公里的蔡庄河、三庄河自右岸汇入。三庄河以流经三庄村而得名。三庄古称刘三公庄，曾是刘勰所居之地。元代于此设巡司。

日照水库 日照水库建于1958年10月至1959年6月，控制流域面积548平方公里，总库容2.72亿立方米。防洪能力审定为1000年一遇，遇100年一遇洪水可削减洪峰的54%。设计灌溉面积2.13万公顷，有效灌溉面积1.3万公顷，年发电量360万千瓦时。

傅疃河出日照水库向东南流，有长26公里的沈马庄河自左岸汇入。沈马庄河口之东的大古城村东岭有西汉初年设置的海曲县旧址，王莽改名东海亭，东汉改名西海县。

焦家河源焦状元 傅疃河至大曲村东有焦家河自右岸汇入，焦家河源自小后村竖岭，岭北之花崖村是明代后期著名学者、史学家焦竑的祖籍之地。焦竑青少年时用功读书，25岁中举人，但此后5次考进士未中。待到50岁第6次考进士时，才中了状元。他学问广博，考据有力，著作近30种，但由于个性刚直不阿而仕途坎坷，受到官场排挤，逐次降职。经过10年官场生涯后，焦竑下决心退出仕途，常住南京，收徒讲学，并专心著述。直到公元1621年，他亲手教授的朱由校即位为明熹宗，想到自己的老师，派人请焦竑出来当官，才知道他已去世一年了。据焦竑文集可知，他在考中状元时，曾得到皇帝恩准，在故里竖立状元牌坊，买义田帮助焦家贫困子弟。辞官后又回故乡收弟子讲学，可谓一片故园赤子之心。

焦家河全长23.5公里，流域面积88平方公里。傅疃河自焦家河口东南流，至后两河村西南，有徐家村河自左岸汇入。徐家村河全长22公里，流域面积164.2平方公里。傅疃河自徐家村河口南流，于夹仓村东蔡家滩以南入海，全长52公里，流域面积1048平方公里。夹仓，明时已有石城，明洪武三年（公元1370年）曾将元代在刘三公庄设置的巡司移至夹仓镇，当时镇东的傅疃河上还设有傅疃马驿，与其县北白石山驿站皆连通。

傅疃河最下游的支流是丝丝河。丝丝河上源的丝山附近的丝乡竹溪村北和丝山乡的秦家官庄村，1983年均发掘有旧石器时代文化遗址，出土旧石器250件。说明古人早在这里进行生产活动。1949年以后，傅疃河流域人民针对其山洪和水患严重，主要兴建日照水库和其他中小型水库53座，能拦蓄水量3.1亿立方米，有效灌溉面积达1.7万余公顷。后又多次整治河道和修建堤防，使过水流量由原不足500立方米/秒增到3000立方米/秒。

东海峪遗址 由傅疃河入海口向东北，至东海峪。这里有东海峪新石器时代文化遗址。除发现各种石器和陶器外，最令人关注的是夯筑房基。专家认为这首开中国几千年土木建筑技术的先河。

吕崮吕母 东海峪滨海有一个叫吕崮的遗址，相传是王莽统治时期，有一个叫吕母的妇人为无辜死难的儿子报仇而于此聚众起义。吕母义军于公元17年攻进海曲县城（今大古城村东岭），杀了县官，壮大了起义队伍，有数万之众，并以沿海为基地，同王莽官军作坚决斗争。吕母病故也安葬在这里，后人称吕崮。这支队伍后来大部分投奔了赤眉军。

日照市·石臼港 日照以日出光芒初照而得名。东北即是山东省石臼港，现为日照市政府所在地。日照市东南临大海，周为莒地，汉为海曲县地。海曲，《博物记》记载西周姜太公吕尚出生于这里的吕乡。汉曾于此置盐官,即名日照。北宋在这里设日照镇。公元1148年金于此始置日照县,直到现在。1985年拆县改市,并将市政府移治石臼所。石臼所在明嘉靖年间是日照县东南所,全称为石旧寨备御后千户所,驻有军队,有城周1.5公里,后简称石臼所。因石臼所是天然良港,加之是兖石铁路终点,后逐渐发展成为现代化港口城市。今日照市包括东港区、五莲县、莒县,全市总面积5310平方公里,人口276万。

1984年10月27日,时任中共中央总书记胡耀邦接见沂蒙山区老党员,听取他们对改革开放的意见,其中有参加甲子山抗日战斗的曾炳华,有多次率武工队直捣日本侵略军驻日照巢穴的魏振东。魏振东后在日照涛雄落户,改革开放初又带头承包鱼塘,发展水产致富。胡耀邦听到汇报,十分高兴,亲笔题写18个字送给魏振东:“推翻三座大山是英雄,实现四化宏图是能手”。

由石臼所沿海岸线屈曲向北,有两城河向东入海。

8. 两城河

全长47公里、流域面积497平方公里的两城河虽不属于沂沭泗流域,但作为在日照市北部独流入海的河道,这里与赣榆、日照的其他入海诸河一样,一并在此记述。

两城河源自五莲,流经胶南县西南角,于日照市入海。其在五莲境内名潮白河。

潮白河源自五莲县九仙山北麓杨家沟东北流,绕过五莲山诸峰向东,又折向东南,至宋家村东,左岸汇入户部岭河。户部岭河源自五莲山望海楼,向东汇入潮白河,全长13.5公里,流域面积76平方公里。户部岭水库总库容4600万立方米,控制流域面积46.4平方公里,有效灌溉面积达1000公顷。

户部岭河汇入潮白河口东的五莲山,因其上有五朵莲花峰而得名。

五莲山美景　五莲山南北长4公里，东西宽3.25公里，方圆约13平方公里。山有奇峰异石，秀丽挺拔，主峰海拔515米，四周五峰围列，远望如盛开的莲花。其望海峰尚存有清代修建的望海亭，原为5层，后遭雷击，减建为3层，高9米，登亭东眺，只见黄海茫茫，水天一色。凌晨观日出，景色尤奇。其西南有南北并列五峰，又恰似5位老翁下山之状，惟妙惟肖。过“梯门”登峰顶西望九仙山，奇峰怪石，夹以参天古木，景色更添雄险。其他仅著名的峰、涧、石、泉和殿阁、楼台遗址就达93处，曾吸引如苏东坡等文化名人来此游览。

两城河自户部岭河口向东南流，先后右岸汇入长14.5公里的林家河、长30公里的罗花前河。到潮白镇东南进入胶南县，流经海青镇南进入日照市，经两城镇北东入海。故日照市以潮河为两城河，两城镇西北山岭上有面积1.1万平方米的“龙山文化”遗址。南北朝时，北魏曾于两城镇设置梁乡县，属东武郡。

对两城河的治理，1949年以来，在中上游兴建中小水库15座，既减轻山洪直冲下泄，又增加灌溉面积约1300公顷，中下游筑堤百余公里，达到20年一遇防洪标准，使1300多公顷易涝农田得到保护。

沂沭泗河下游的变迁

沂河和沭河原来都是南到下邳入泗河的，后受黄河和运河的影响，沭河和沂河先后脱离泗河，向东南漫流入海。

古籍记载的沂沭河串流及沭河入海 沂河和沭河上中游都自北向南平行于山谷间，河道变化不大，但史籍也有它们串流或分流的记载。如，东汉桑钦所著《水经》就记述沭水于阳都县（今沂南县南）入沂。在这里，沂河左岸虽与沭河支流汤河较近，但与沭河干道有岗地相隔，故数百年后郦道元作《水经注》时就否定了沭河于阳都入沂的说法。再如，元代于钦的《齐乘》记载，俗云沭河过羽山行山峡间，有山口池，北有禹凿沂河由三十六穴湖穿峡口与沭相通。推测其方位当在马陵山和羽山峡口之北，即分沂入沭处（确切地址待考）。这些记载说明沂河有时也串流入沭。又如，《一尘水利初稿》记载："沭河在临沂、赣榆之间，古有一条入海的沭河支流，由于赣榆筑坝御沭后，沭河上游入海之路绝。"推测其方位当在新沭河分沭口之地附近。

沭河下游入泗、入淮、入海变迁 沭河在古厚丘县西曾分成两支，向西一支在北魏时即已无水，称"枯渎"；向南一支到建陵故城东又分成两支，左出一支向东南经司峿城东，又东南流"至朐县，入游注海也"（《水经注》），右出一支向西南流，经司峿山东、司峿城西，又西南流"到宿豫县注泗水也"（《水经注》）。显然，比《汉书·地理志》记载的"到下邳注于泗"之地，又南移数十公里。

沭河又是何时向南改道的呢？据史料分析，沭阳古称潼阳，即潼水之阳。潼水不是无源之水，而是沭河之滥觞。梁天监二年（公元503年)三月,潼阳人张高等500人开凿沭水灌田200顷,此后引沭渠道增多,有官有民(杨平川《沂河河道变迁与治理概述》),沭水即于此时向南改道。约在100年后的隋代,就设置沭阳县代替潼阳县了。沭阳,顾名思义即沭水之阳,也即沭水自城南流过。沭阳西北5公里的分水龙王庙即是“引沭改道”旧址。

此后文献记载老沭河下游走向是:老沭河自郯城县南红花埠进入江苏省境内,沿马陵山东麓南流,东折至沭阳龙埝沭河口,左岸分出一支,称分水沙河,东北流入青伊湖。出青伊湖又分为两支,一支东北行,经后蔷薇河至新海连的临洪河口,北汇赣榆县大沙河入海;另一支东行,经蔷薇河、卓王河、泊阳河、善后河于埒子口入海。老沭河自龙埝口东南行,左岸再分出一支称后沭河,亦东北流入青伊湖,与分水沙河汇流;另一支为前沭河,经沭阳城南流,入砂礓河的下段大涧河,经柴米河入硕项湖。柴米河又分一支汇入官田河经港河入蔷薇河。《江苏水利全书》记载:“硕项湖,沭水所汇也。”明清之际,沭河在沭阳境内受到沂河和黄河减水坝溢出来洪水压力,即分5股东泄。一股入涟水(古游水故道)归海;一股进桑墟湖、青伊湖,亦归海;其余3股均进入硕项湖。明时硕项湖已是南北40公里、东西20公里的大湖。硕项湖北通海,南通淮,可泄洪水。硕项湖通淮河,说明沭河入淮口又从宿豫移至安东涟口了。涟口,顾名思义为涟水入淮口。据史书记载,涟口见于南北朝时期萧齐建元四年(公元482年),北魏的一支军队是从涟口南下的。唐代的《元和郡县志》还记述当地人把沭水称为涟水,可能是取其相互连通并归属于淮而入海之意,始称连水,后演绎为涟水。到明末清初,顾祖禹《读史方舆纪要》记述这里的涟水有西涟、中涟、东涟、北涟、南涟,并贯通于青伊湖、硕项湖、淮水和大海。明万历三十六年(公元1608年),徙居于安东一带的人们可能为防止黄河水从涟口北泛,“作坝相隔”,涟口被堵,又向县东7.5公里之堑口入河。涟水离不开沭河，说明沭河一股入淮又向下移位。沭河不能入淮是在明末清初“蓄清刷黄”抬高下游河床之后了。

清代靳辅治河，大增黄河北之减水坝，泥沙大量淤入硕项湖，清康熙二十四年(公元 1685 年)沭河入湖之路绝，故经湖入淮之路亦绝，最后被迫各股一律折向东北，由临洪口入海。沭河入海，由于东涟河、中涟河、西涟河也已淤塞，故入海出路不畅，沭河洪水给沭阳地区造成严重水灾。

沂河另寻出路　沂河不能在古邳南入泗(黄)运后，就由小沂河汇入马陵山以西洼地。将原来洼地上分散的骆马湖、周湖、柳湖、嵎头湖等六七个小湖连在一起，扩展为水面汪洋的大骆马湖。骆马湖不仅汇有沂河和中运河洪水，还要接受经减水坝溢出的黄河洪水。骆马湖出路有两个，一是经峰山北的嶂山断谷，原沭河西向入泗的河道，反向东泄；另一是南至宿迁市之五花桥入拦马河。拦马河后经改造又称总六塘河。总六塘河北纳骆马湖洪水，东纳由刘老涧东溢的泗运洪水，由砂礓河分泄部分洪水后，大部分洪水由北六塘河、南六塘河东泄，经灌河入海。

多灾的江苏淮北　沂沭泗运的洪水在今江苏淮北的宿迁、沭阳、灌云、灌南、淮阴、响水、滨海、东海、赣榆等县市漫流，是造成这个地区水患的根本原因，但更重要的是汛期进水量大而出水量小，造成泄水不畅。经测算，沂沭泗(运)水于此汇入量，在汛期有较大洪峰时，沂河为 6000 立方米/秒、沭河为 4500 立方米/秒、泗(运)水为 500 立方米/秒、本区间水为 2000 立方米/秒，共 13000 立方米/秒。入海出水量，灌河 1200 立方米/秒、临洪口 600 立方米/秒、埒子口 50 立方米/秒，总计入海量 1850 立方米/秒，汇入流出比约为 6∶1。多余洪水必然漫溢于农田、村庄。另据史料统计，明清和民国的 581 年中，沂沭泗河共发生 347 次较大水灾 86 次旱灾。而清末民国的 70 多年内，虽然黄河已于 1855 年复归故道，但给沂沭泗造成水系紊乱、河道湖泊淤塞、入海不畅的问题尤为严重。其中,清光绪九年到三十二年(公元1883年至1906年)的23年间,总沭河、前沭河、后沭河、六塘河的决口就有24次,1945年至1949年5月更是年年有水灾,仅1949年这个区间的决口就有150次之多。

伴随水灾的还有旱灾、蝗灾。每次灾害都给人民生命财产带来惨重损失。清代诗人袁枚任沭阳县令时对此都有描写。袁枚诗云:"浮天水失东西路,入境蝗如早晚潮。"《荒岁行》记载:"遥闻淮南熟,相将去斯邦。出门气颇壮,中道神已伤。但闻死者填沟壑,不如生者还故乡。故乡无所有,兀然空四墙。"有一首《悲弃儿》诗写道:"儿悲声,婴儿负背随母行。母背婴儿母难走,母弃婴儿母背轻。母背轻时母心碎,母心碎时儿声悲。负儿母定同儿死,弃儿母犹望儿生。"《哀饥殍》有:"饥乌啼,饥乌啼时腹中饥,乌不啼时乌自飞,下有啄残横卧尸。"这些诗都真实地描写了荒年饥民的惨象。

早在淮海战役的隆隆的炮声中,山东解放区就开始"导沭整沂"工程勘测和大规模的治水活动。

1949年以后的治理简况 1949年春,苏北人民政府开始"导沭整沂",又于20世纪70年代开始实施沂沭泗河洪水"东调南下"工程,即是调沂沭河洪水就近入海,腾出骆马湖和新沂河部分行洪能力接纳南四湖和邳苍地区的洪水,以减轻洪水灾害;20世纪90年代,又进行"东调南下"的续建工程,除治理沂沭泗(运)外,还对黄河故道进行治理,特别是通过淮阴水利枢纽,把淮河和沂沭泗河两大水系连在一起,进行水资源调节,科学调度水资源。

中华人民共和国成立后,经过不断治理,在江苏淮北已基本形成以骆马湖为中心的洪水及水资源调蓄体系,以新沂河、新沭河为骨干的排洪入海体系,以淮沭新河、京杭大运河为骨干的向北输水系统。加之闸、站、涵的配套建设,不仅使这些水利工程能达到20

年一遇的防洪标准，还建成蓄水、排洪、灌溉、航运、输水等综合利用的工程体系。

沭河沿岸市县区概述

沂 水 县

沂水县，位于鲁中南地区、沂蒙山腹地。隶属于山东省临沂市。东邻莒县，西与沂源、蒙阴交界，南与沂南毗连，北与安丘、临朐接壤，居沂河、沭河上游。总面积2434.8平方公里，总人口113.2万人(2012年)。县政府驻沂城街道。

2014年6月12日，被国家旅游局评为"全国旅游标准化示范县"，成为山东省首个旅游标准化示范县。同年7月，临沂沂水被确认为中国地名文化遗产"千年古县"。

一、历史沿革

夏朝，沂水县北境、东境入青州，其南境入徐州。

商朝，沂水地属人方。

西周，沂水地属鲁国。

春秋，沂水地为郓。莒鲁之争后入齐。

战国，沂水地为盖。

秦朝，沂水地属琅琊郡莒县。

西汉，沂水东境属徐州刺史部琅琊郡东莞县；西境为兖州刺史部泰山郡盖邑；南境为城阳国阳都、东安。

东汉，废城阳国，沂水地属徐州刺史部琅琊国。东汉末年，东莞、盖县升为郡。

三国，沂水地北境属魏国徐州刺史部东莞郡东莞、东安两县；南境属琅琊国阳都。

晋朝前期，沿用魏国旧制。元康七年(297年)又分东莞置东安郡。自永嘉以后(东晋)，十六国纷争割据，沂地归属多变。自咸和二年(327)至义熙五年(409),沂水地先后为北方少数民族的后赵、前燕、前秦、后燕、南燕等五国所属。南燕慕容德改东莞县为团城。

南北朝时,沂地南北互争,归属时南时北,先后隶属于东徐州、南青州、东安郡、莒州。

隋朝,开皇初,废东安郡,置东安县(治团城)。开皇十六年(596)改名沂水县,别置东安县于古盖县。隋末,废东安县并于沂水县,县属琅琊郡。沂水县名沿用至今。

唐朝武德五年(622),沂地属莒州,贞观八年(634),废莒州,县属河南道沂州琅琊郡(今临沂)。五代十国时期,沂水地先后隶属后梁、后唐、后晋、后汉、后周,均属沂州。

北宋,沂水县属京东东路沂州琅琊郡。

金太宗天会四年(1126)灭北宋。淮河以北被金占领,县属山东东路莒州。

元朝,1234 年元灭金,此时归元。1279 年灭南宋,统一全中国,沂水县属中书省山东东西道宣慰司益都路莒州。

明朝,明初因之。洪武九年(1376),属山东承宣布政使司青州府。

清朝,清初因之。雍正八年(1730)改属莒州,雍正十二年(1734),改属沂州府。

民国 2 年(1913),废府设道,沂水县属岱南道。4 年(1915),改属济宁道。14 年(1925),改属琅琊道。17 年(1928)裁道,直属山东。民国 25 年(1936)2 月,设山东省第三区行政督察专员公署,沂水县属之。28 年(1939)6 月,日本占据沂水城,沂水沦陷。民国 30 年(1941)2 月,属山东省战时工作推行委员会鲁中区沂蒙专署。民国 32 年(1943)8 月,沂中、沂东县属山东省行政委员会(省战工会改称)鲁中区行政联合办事处沂蒙专署。民国 33 年(1944)1 月,沂北、莒沂边县属沂山专署。民国 33 年(1945)7 月,沂中县属鲁中行政公署沂蒙专署；同年 8 月 13 日，属山东省政府（省行政委员会改称）鲁中行政公署第二专署。民国 37 年（1948）7 月 17 日，属山东省政府鲁中南行政区公署第二专署。

1949 年 7 月，属山东省人民政府鲁中南行政区沂蒙专区，8 月恢复沂水县名称。同时，沂北与莒沂二县合并为莒沂县，属沂蒙专区。

中华人民共和国成立后，沂水、莒沂县仍属山东省人民政府鲁中南行政区沂蒙专区。

1950 年 5 月 11 日，属山东省人民政府沂水专区。

1953 年 8 月，沂水专区撤销，并入临沂专区，莒沂县撤销，9 个区归沂水县，沂水县属临沂专区。

1967 年，县改属临沂地区革命委员会。

1978 年，临沂地区革命委员会改为临沂地区。

1994 年 4 月 21 日，临沂地区撤销，建立临沂市（地级），县仍属之。

二、行政区划

（一）区划沿革

1994 年 9 月 7 日，撤销黄山铺乡、许家湖乡，设立黄山铺镇、许家湖镇。

1995 年 12 月 29 日，撤销高庄乡，设立高庄镇。

1997 年 12 月 26 日，撤销武家洼乡，设立武家洼镇。

1998 年 12 月 23 日，撤销王庄乡，设立王庄镇。

2000 年，沂水县辖 15 个镇 16 个乡。

2000 年 12 月 29 日，沂水县由 15 个镇、16 个乡调整为 13 个镇、6 个乡。

2010 年 11 月 25 日，撤销龙家圈乡，设立龙家圈镇；撤销富官庄乡，设立富官庄镇；撤销道托乡，设立道托镇；撤销泉庄乡，设立泉庄镇;撤销院东头乡,设立院东头镇。

2011 年 8 月,许家湖镇和姚店子镇进行行政区划调整,合并为许家湖镇。

2012 年 9 月 19 日,撤销沂水镇设立沂城街道办事处。

2012 年 10 月,沂水县有 1554 个自然村,1040 个村民委员会,23 个社区居民委员会。

(二)当前区划

截至 2014 年,沂水县辖 1 个街道、16 个乡镇、1 个经济开发区,有 1554 个自然村,1040 个村民委员会,23 个社区居民委员会。

辖区包括沂水镇、马站镇、道托镇、高桥镇、杨庄镇、富官庄镇、沙沟镇、诸葛镇、龙家圈镇、黄山铺镇、崔家峪镇、夏蔚镇、高庄镇、泉庄镇、院东头镇、许家湖镇、四十里堡镇 17 个镇,圈里乡 1 个乡,沂城 1 个街道办事处。

三、地理环境

(一)位置境域

沂水县位于鲁中南地区、沂蒙山腹地。东邻莒县,西与沂源、蒙阴交界,南与沂南毗连,北与安丘、临朐接壤,居沂沭河上游,总面积 2434.8 平方公里。

(二)地貌

沂水县为低山丘陵区,西部、北部为低山区;东部、东北部为丘陵;中部、南部为平原。最高点为县境北部的沂山南侧的泰薄顶山,海拔 916.1 米。最低点为县境东北部的朱双村东,海拔 101.1 米。全境地势自西北向东南倾斜。

(三)气候

沂水县属暖温带季风气候区,大陆度 62.4%,具有显著的大陆性气候特点:四季变化分明,春季干燥,易发生春旱;夏季高温高湿,雨量集中;秋季秋高气爽,常有秋旱;冬季干冷,雨雪稀少。

沂水县四季气候的特征：早春，由于受蒙古较强高压势力的影响，气候回升迟缓；晚春，由于暖空气势力的不断增强，气温回升快，且多西南风，干燥少雨，常出现旱灾，影响春播。多年平均春季降水量为 111.6 毫米，占全年降水量的 14.5%，为冬季降水量的 3.8 倍。夏季。雨热同步，雨量集中。夏季经常出现的灾害性天气是旱、涝、大风和冰雹。秋季温度陡降，降水显著减少，秋高气爽，利于秋收。晚秋也常有霜冻发生。冬季严寒少雨雪，以干冷型天气为主，月平均气温在 0℃以下，最冷为 1 月，多年平均气温为 −2.8℃。多年平均降水量 29.0 毫米，仅占全年降水量的 3.8%。

（四）水文

沂水县有大小河溪 622 条。沂河为山东省第一大河，也是县内过境最大河流。发源于沂源县鲁山南麓，在下河村东南入沂水县境。向东南流，经泉庄、新民官庄乡，流程 14 公里入跋山水库。出库后折向南流，流经柴山、武家洼、龙家圈、沂水、许家湖、袁家庄、姚店子 7 个乡镇的边沿地区，流程 35 公里，在邵家宅村南入沂南县境，再经临沂、苍山、郯城等县市入江苏省，在灌云县燕尾港入黄海，全长 574 公里。在沂水县境内河段长 56 公里，河床最宽处 1200 米，平均宽 670 米，流域面积 1437.7 平方公里。沭河为县内第二条大河，发源于沂山南侧泰薄顶，全长 400 余公里，沂水县境内流程 51.3 公里，流域面积 747.6 平方公里。浯河、潍河支流发源于圈里乡太平山，浯河在沂水县境内长 23.1 公里，流域面积 225 平方公里。主要支流有漫流河、林头河和圈里河。

（五）土壤

沂水县土壤共有 3 个土类，11 个亚类，17 个土属，67 个土种。以棕壤土类为主。

棕壤（A）土类：面积 1454677 亩，占可利用面积的 47.7%。除王庄、王家庄子两乡无棕壤外，其余 29 个乡镇均有分布，但大部分集中在沂河以东的花岗岩、片麻岩等酸性岩类风化物上，少数分布在砂岩、页岩、正长岩等风化物上。棕壤土类在全县有4个亚类，7个土属，26个土种。

棕壤性土(Aa)亚类：面积1145842亩，占全县棕壤土类面积78.77%，多分布在低山丘陵中上部，俗称"岭砂土""白砂地""马牙砂土"等。其特征是：土壤剖面发育不完全；土层薄；土体内粗砂、砾石多；养分含量低，保水性差；水土流失严重；地下水贫乏。

四、人口民族

(一)人口

1990年，沂水县有300940户，1107917人。全县人口自然增长率1985年为12.66‰，1990年为10.06‰，呈逐年下降趋势。2012年，总人口113.2万人。

(二)民族

沂水县主要系汉民族聚居区。自明代以后，有回族人移此定居。新中国成立后，由于干部职工调动，大中专学生分配及婚姻等因素，有少数民族人口迁入。全县共有汉族、蒙古族、回族、藏族、维吾尔族、苗族、彝族、壮族、布依族、朝鲜族、满族、土家族、哈尼族、傣族、黎族、傈僳族、佤族、畲族、高山族、拉祜族、景颇族、仫佬族、阿昌族、怒族、独龙族等25个民族，其中汉族占总人口的99.45%，回族占总人口的0.51%，其他23个民族占总人口的0.04%。

五、自然资源

(一)水资源

1. 地表水

沂水县降水量较为充沛，年均降水量800毫米左右。年均产水量19.42亿立方米。由于县内地貌的差异，地表径流量幅度变化较大，多年平均径流深在300毫米至500毫米之间(变差系数

CV＝0.53Cs＝2CV)。多年平均径流量7.35亿立方米。客水入境径流量为3.604亿立方米。自1952年以来,县内修建了大型水库2座,中型水库1座,小型水库147座,塘坝1494座,尚有2座拦河坝,蓄水总量7.23亿立方米。此外,有大、小河流622条,汪塘水面4000余亩。

2. 地下水

沂水县地下水资源总储量5.12亿立方米,总储量模数0.0021亿立方米/平方公里,静储量4.21亿立方米,动储量0.0079立方米,调节储量0.924立方米,多年平均可开采量1.14亿立方米,年开采量0.74亿立方米,占可采量的64.9%。全县地下水属重碳酸盐钙型水,pH值在7.1—8.1之间,属弱碱性。个别在6.6—7.0之间,呈弱酸性。总硬度多数在8.5—15.9德国度之间,属适度硬水,有少部分在4.2—8.4之间,属软水,仅有回民街、制革厂一带大于25.2德国度,属极硬水。总矿化度除个别大于1克升外,其余全县大部地区,均小于0.5克升,属淡水。可供人畜饮用及工农业用水。

(二)矿产资源

沂水县已探明具有开采价值的矿产资源32种,其中放射性矿产1种,金属矿产6种;非金属矿产25种,已开发利用20种。

1. 金属矿产

沂水县黄金储量约3000公斤。主要分布在许家湖乡南小尧、大尧、严家官庄、小河(北起许家湖乡陈家庄子,南至四十里堡镇薛家马庄长约16公里的小河流域)及沂水镇三山官庄、长家沟一带。

2. 非金属矿产

沂水县花岗岩、石灰岩、玄武岩、石英砂岩、钾长石、钠长石、石英、蛭石、瓷石、石榴子石、萤石、沸石、绢云母石英片岩、黄砂、云母、石棉、重晶石、水晶、页岩、滑石、膨润土、砖瓦黏土、磷矿和矿泉水等。

（三）生物资源

1．动物

沂水县兽类常见的有野兔、黄鼠狼、狐狸、狼、獾、刺猬等。爬行类有蛇、蜥蜴、壁虎、蝎、螃蟹等。两栖类有青蛙、蟾蜍等。昆虫类害虫及其天敌除赤眼蜂、肿腿蜂、寄生蝇、七星瓢虫等以外，主要有蝉、螳螂、蝴蝶、蟋蟀、蜻蜓、马蜂等。鸟类有12目，19科，35种。常见的有麻雀、喜鹊、家燕、灰喜鹊、鹰、猫头鹰、啄木鸟、斑鸠、杜鹃、布谷鸟、黄鹂、鹌鹑、鹁鸽等。鱼类有6目，11科，35种。其中：自然繁殖的有鲤、鲫、鲶、鲦、马口、鳜、沙里棒、麦穗及虾、泥鳅、鳖等；人工放养的主要是青、草、鲢、鳙、鲤、团头坊、罗非鱼、虹鳟鱼等。

2．植物

沂水县野生植物资源丰富。草本植物100多种，能构成植物群落的优势植物有30多种，其分布较有规律。山地阳坡多长有黄背草、蒲公英、结缕草、萎陵菜、鬼针草、鸡眼草、丝石竹等。山阴坡常见的有白羊草、地榆、苔草、地柏等。在河滩、河淤土中多有荻草、加蓬、灰菜、猪毛菜等。黄土地块多见结缕草、茅草、狗尾草。荒坡、路边则生有营草、野古草、狗皮草等。

木本植物主要有刺槐、松、杨、柳、榆、楸、桐、枰柳、国槐、棉槐及桃、杏、梨、苹果、山楂、柿、板栗、核桃、枣、香椿、花椒、葡萄。尚有野生灌木类的菠萝、葛藤、荆条、白蜡等。

水生植物主要是芦苇、蒲、藕、莲、浮萍等。

野生中药材有500多种，主要有酸枣仁、桔梗、远志、丹参、玄参、元参、金银花、黄芩、柴胡、马兜铃等，其中药用价值高的酸枣仁产量居全省各县第二位。

六、经济

（一）概述

2013年，沂水县实现地区生产总值310.9亿元，与2012年相比，增长 12.7％，其中一、二、三产业分别增长 3.3％、11.7％和 13.2％，三次产业结构调整为 10.6 ∶ 46.9 ∶ 42.5。完成固定资产投资 195.3 亿元。实现公共财政预算收入 18 亿元，收入总量在全省跃升 4 个位次；乡镇（街道）全部过 2000 万元，达到 15.2 亿元。农民人均纯收入达到 10249 元，城镇居民人均可支配收入 25650 元。金融机构存款余额 292.2 亿元、各类授信余额 290.6 亿元，分别比年初增加 49.4 亿元和 66.3 亿元。社会消费品零售总额 147.5 亿元。进出口总额 7.3 亿美元。

（二）第一产业

沂水是山东省东部重要的粮、棉、油产区之一，盛产小麦、玉米、地瓜、蚕茧、烤烟、苹果、山楂、板栗、核桃、柿子、桃、杏、雪枣、大樱桃、花椒、生姜、中药材等，是全国闻名的"雪枣之乡""板栗之乡"，是全国油料、果品百强县及大花生、黄烟、生猪、果品等农副产品基地重点县

2013 年，完成规模化流转土地 3.56 万亩；新成立农民专业合作组织 130 家；培育县级现代农业园区 14 处；发展优质农产品基地 6 万亩；完成造林绿化 5.7 万亩、彩化 7650 亩；发展烤烟 5.95 万亩，收购烟叶 8450 吨；生猪存栏 74.3 万头、出栏 116.4 万头；完成大中型沼气工程 43 处；农机化作业综合水平达到 87％。

（三）第二产业

沂水县工业门类齐全，形成以食品、纺织服装、机械、矿产建材、包装印刷、制鞋六大主导行业及烟草、化工、电子、木材加工、工艺美术、制革、农副产品深加工等行业为主的工业体系。食品、机械、布鞋工业被中国地区开发促进会命名为"中国食品城""中国油顶城""中国布鞋城"。

2013 年，沂水县引进项目 50 个，其中过 80 亿元 1 个、过 20 亿元 3 个、过 10 亿元 7 个，合同利用县外资金 336.7 亿元，到位 68 亿元。

投资80亿元的永丰轮胎项目从接洽到签约落地仅用13天，从开工到建成投产仅用10个月，完成工业技改投资65.7亿元，其中过亿元项目32个。规模以上工业企业产值突破千亿元达到1019亿元，实现利税93.5亿元，与2012年相比，分别增长22.2%和22.8%；产值过亿元、利税过千万元企业分别达到310家和257家。

（四）第三产业

2013年，沂水县实现服务业增加值135亿元，与2012年相比，增长18%，占GDP的比重提高到42.5%，同比提高1个百分点，居全市前列；完成规模以上服务业投资90亿元，与2012年相比，增长29%，占规模以上固定资产的比重达到48.1%；实现社会消费品零售总额145亿元，与2012年相比，增长13.7%；实现限额以上销售额143.7亿元，与2012年相比，增长40.1%。

2013年，顺利通过中国旅游标准化试点县验收实施旅游重点项目11个；新创AA级以上景区3个，累计达17个；全年接待游客722万人次，实现旅游总收入71.9亿元；全年实现物流业税收7516.4万元，与2012年相比，增长240.3%。限额以上批发零售、住宿餐饮单位发展到241家，总量居市第二。

七、社会事业

（一）科技

2012年，沂水县已申报市级以上科技项目45项，其中国家级14项，省级9项，市级22项，至2013年已立项24项并获上级科技专项资金1705万元（其中无资6项）；高新技术产业产值占规模以上工业产值的比重达到17.06%；完成专利申请265件、授权171件，其中发明专利申请68件、授权18件，同比分别增长62%和260%；获批高新技术企业6家、省级创新型示范企业1家、省级创新型试点单位1家、市级创新型企业3家；组织鉴定市级以上科技成果34项，获省科技进步三等奖1项、市级科技进步奖14项，评审县级科技进步奖30项;新发展民办科研机构4家。

(二)教育

截至2013年,沂水县共有公办学校205处,其中小学166处、初中32处、普通高中3处、中等职业学校1处、特殊教育学校1处、实验幼儿园2处,教职工9876人,在校学生109049人。全县共有省级规范化学校12所,市级规范化学校50所。齐鲁名校长1人,省级教学能手3人,省特级教师15人。2012年12月,县第一实验幼儿园通过“山东省十佳幼儿园”验收。乡镇中心幼儿园19所,其中10所通过省级认定。学前三年入园率73.3%,学前一年入园率98%,义务教育阶段入学率100%,初中学生毕业率99.6%。

大学:临沂大学沂水分校

职业教育:沂水县职业教育学校

中学(高中):沂水一中、沂水二中、沂水四中

(三)卫生

2012年,沂水县县城内有卫生机构13处,其中二级甲等以上的医院有沂水中心医院(临沂市第二人民医院,三级甲等综合)和沂水县人民医院(二级甲等)。

(四)社会保障

2012年,沂水县分别新扩5775人加入企业基本养老保险,1758人加入城镇基本医疗保险,1307人加入失业保险,5584人加入工伤保险,3282人加入生育保险。城乡居民养老保险实现全覆盖,60周岁以上待遇领取人员达到16.67万人,累计发放养老金1.12亿元。连续第8年上调企业退休人员基本养老金,基本医疗保险报销比例、最高支付限额和养老、失业、工伤、生育保险待遇等都明显提高。

八、交通

截至2012年,沂水县境内共建设铁路62.46公里、高速公路

48.7 公里、省道 240 公里、农村公路 2308.08 公里、农村公路桥梁 570 座，形成了纵横交错、干支相接、外联内畅、四通八达的交通运输网络。

沂水县境内有东红、沂博、兖石、泰薛、沂邳、韩莱六条省道贯穿全境，可直通济南、青岛、临沂飞机场；东临青岛港、日照港、岚山港三大口岸，北靠胶济铁路、济青高速公路，南依兖石铁路、日东高速公路，西连京沪高速公路，东接同三高速公路。胶(州)新(沂)铁路经过沂水并设立县级站并与山西中南部铁路通道交汇，青兰、天汕高速公路在沂水境内交汇。沂河大道防洪工程已于 2008 年 10 月竣工通车。长深高速 2013 年年初建成通车，沂水南出口可直接驶入沂水汽车总站。农村公路总里程达到 2328.5 公里，新建桥梁 39 座，其中跨沂河大桥 6 座。

九、地方文化

(一) 京剧

为沂水县内最普及的剧种之一。1923 年，武家洼剧团就开始上演京剧。中华人民共和国成立前后，全县有十几个村配置了古装戏衣。1970 年，演唱京剧样板戏时，全县有京剧团 100 多个。本县京剧传统剧目有《玉堂春》《红娘》《甘露寺》《王宝钏》《凤还巢》《临江驿》《失空斩》《打渔杀家》《诸葛亮招亲》《定军山》《二进宫》《反西梁》《黄鹤楼》《三岔口》《快活林》《华容道》《二堂放子》等；现代京剧剧目有《红灯记》《沙家浜》《智取威虎山》等。

(二) 弦子戏

清末传入沂水县。最初是由张家诸坞村地主——四箱主请沂南县岸堤村张祥贵传授的。弦子戏的唱腔和音乐伴奏方面，有其独特之处。在较大的一些曲牌唱腔里，有固定重复的大过门，贯穿于所有慢板、原板类唱腔之中，从而把不同的曲牌有机结合起来。常用的曲牌有《山坡羊》《锁南枝》《桂主香》《黄莺》《娃娃》《驻云飞》

《步步娇》等。其伴奏乐器:文场有笛、管、笙、唢呐、弦子及二胡、京胡、琵琶、月琴等;武场有鼓板、大锣、大钹、小钹等。弦子戏常演剧目有《风雨媒》《双龙关》《珍珠衫》《安南国》《小送山》《雀山搬兵》《凤阳河》《报盔头》《婚书》《阴功报》等。

(三)拉魂腔

又称拉呼腔,遍及沂水县,尤以姚店子、院东头、黄山铺三乡镇更流行。拉魂腔文场戏多,武打偏少,其唱法特点是在结尾时常以假声作7度或8度上行大跳,伴奏以柳琴为主,间以笙、京胡、二胡等乐器相配,具有说唱音乐的特点。常演剧目有《东京》《西京》《南京》《北京》《劝嫁》《三贤》《二贤》《拦马》《喝面叶》《下西歧》《五台山》《梁祝》等。

(四)茂腔

主要流行于县境内东北的富官庄和朱双一带,其他乡镇也有少量演唱者。青龙沟村业余剧团演唱水平最高,在全县第一、二两届农民文艺会演中,分别演出新编茂腔戏《提款》和《山村新貌》,均获演出奖。

(五)吕剧

为沂水县人民最喜爱的剧种之一。1956年,始有农村剧团排演吕剧。主要剧目有《小姑贤》《王汉喜借年》《王定宝借当》《井台会》等。1970年,全县举办了几期文艺骨干培训班,传授了《都愿意》《半边天》《半篮花生》《三回船》《追报者》《三定桩》《考女婿》《全家喜》《渡口》等9个小吕剧,此后,吕剧在全县普及。

(六)山东琴书

沂水县流行南路琴书。主要传统曲目有《大明英烈》《呼延庆征南》《小八义》《包公案》《隋唐传》《金镯玉杯记》《红绫记》《空棺记》《双合印》《回龙传》《薛礼征南》《秦英征西》《陈三两爬堂》《杨文广征南》等。为配合党的中心工作,以计划生育、法治教育等为主题编演了一些新曲目进行演唱，受到群众欢迎。

（七）山东落子

又称光光书，艺人称为荷叶吊板，唱荷叶的。自清嘉庆年间流传至今。最有名望的是高桥镇木山村女艺人王京兰，已有50多年的演唱历史，具有丰富的经验和演唱技艺，再加上她嗓音洪亮，吐词清楚，很受群众欢迎。1982年，参加临沂地区曲艺会演，她演唱《杨金花夺印》，获锦旗一面。

（八）评书

县内20世纪50年代开始有人演唱，主要曲目有《三侠剑》《小五义》《响马传》等。

（九）山东渔鼓

县内流传很广，主要曲目有《绿牡丹》《水浒》《金鞭记》等。有证艺人18人，除在本县演唱外，还到周围县市演唱。

十、荣誉

中国科技工作先进县

中国农村基层组织建设先进县

中国体育先进县

中国食品工业强县

国家火炬计划功能性生物糖特色生产基地

中国优质饼干加工示范基地

中国食品安全示范县

中国食品城

中国农村劳动力转移就业工作示范县

中国优秀旅游目的地

中国水土保持生态环境建设示范县

中国妇女儿童纲要示范县

中国菸叶生产、收购工作先进县

中国粮食生产先进县
中国优质果品基地县
中国科普示范县
国家级生态示范区
中国文明县城
国家园林县城
中国休闲农业与乡村旅游示范县
山东省循环经济示范县
山东“十二五”期间24个重点发展中等城市之一
山东省农产品质量安全果菜示范区
畜产品质量安全示范区
平安山东建设先进县
山东省金融创新工作试点县
山东省级可持续发展实验区
山东省县域旅游十强
生态循环农业与农村新能源示范县
烤烟生产先进县
国家级可持续发展实验区
千年古县
中国人居环境奖·国家园林县城
中国旅游标准化示范县
中国法治县创建先进单位
山东省社会管理创新工作试点县
中国群众体育先进单位
山东省级生态县
文化强省建设先进县
山东省信访工作先进县

十一、旅游资源

（一）雪山彩虹谷

沂水雪山旅游区（AAAA级）位于沂水县城东3公里处。主要包括雪山、大山、马山，总面积200万平方米。有“热炕”、“凉炕”、龟驮桥、仙人桥、灯碗石、霹雳石、雄鸡石、蛤蟆石、马子石等众多奇石景和各种形状的奇松。风景区内建成了梅园、翠竹园。

（二）地下荧光湖

沂水地下荧光湖旅游区（AAAA级）位于沂水县城南部19公里的密山下，是一处著名的地下萤火虫水洞神秘世界，也是集休闲、游憩、娱乐、度假溶洞观赏萤火虫为一体的综合旅游项目。

（三）地下大峡谷

山东地下大峡谷（AAAA级）位于山东省沂水县城西南八公里处的龙岗山下，全长6100米，现已开发3100米的游览景线。该洞形成于20万年前，由巨大的喀斯特裂隙发育而成，是中国的特大型溶洞之一，是江北第一长洞，被誉为“中国地下河漂流第一洞”。地下大峡谷内有“一河”“五关”“六瀑”“九泉”“九宫”“十二峡”等100余处景点。

（四）天然地下画廊

江北第一溶洞—“天然地下画廊”（AAAA级）位于“红嫂故里”山东沂水县院东头乡，是集地下长河溶洞、探险溶洞暗河漂流、“怡然居”沂蒙风情度假村、滑雪滑草场、万亩板栗山茶园全国农业旅游示范点为一体的大型游乐场所。

其中，地下长河溶洞游览区为3200米地下长河溶洞—天然地下画廊，是中国钟乳发育最丰富的溶洞，被誉为岩溶地质博物馆。

（五）东方瑞海度假村

东方瑞海国际温泉度假村（AAAA级）位于旅游强县——山东沂水，居于风景秀丽的沂河河畔，毗邻山东地下大峡谷、沂水雪山彩虹谷、沂水天然地下画廊、沂水地下荧光湖等众多AAAA级景区。度假村总投资3亿元，占地17.3公顷，分为温泉酒店和温泉别墅两部分。

(六) 天上王城旅游区

天上王城景区(AAAA级)于2003年开始规划，2007年开始建设，一期工程结束，投资超过6000万元，二期工程2009年规划建设。天上王城景区位于沂蒙山腹地的沂水县城西北40公里处，地处临沂、淄博以及沂水、沂源、蒙阴两市三县交汇点，景区主体分布在纪王崮上。纪王崮海拔577.2米，顶部阔大，面积约4平方公里，南北长数公里，是沂蒙七十二崮中唯一有人居住过的崮，因此被誉为“沂蒙七十二崮之首”。

(七) 沂蒙山

沂蒙山根据地旅游风景区(AAA级)位于山东省沂水县夏蔚镇，距县城以西30公里。旅游区南北长约12.7公里，东西长约5.7公里，总面积32.6平方公里。由夏蔚、双山、王庄、大战地、云头峪五大景区构成。景区内东西方文化底蕴深厚，历史遗迹众多：中共山东分局旧址、八路军山东纵队指挥部旧址、大众日报创刊地及孟良崮战役陈毅指挥所旧址、百年天主教堂、圣母山圣母堂、沂蒙红嫂园、民俗支前村、沂蒙山纪念馆及根据地广场等景点。

(八) 灵泉寺风景区

灵泉山国家森林公园(AAA级)位于山东省沂水县龙家圈境内，距县城15公里，景区规划面积180公顷，紧邻全省第三大水库——沂蒙母亲湖(跋山水库)。景区有灵泉古寺、千年古银杏树、佛教塔林、宋代九龙碑、灵泉湖、雄师崖、观音洞、韩湘洞、朝阳洞、五大夫松、飞来石、灵山隐士等景观。

(九) 沂蒙山酒文化园

山东沂蒙山酒生态文化园(AAA级)位于沂水县院东头镇，主要游览区有品酒区等景点。其中,天然地下原酒洞藏区达 3200 平方米,为山东省最大的洞藏之一,建有山东省容量最大的木质、柳编酒海数十个。2010 年 10 月,被评为山东省旅游示范点,12 月被评为国家 AAA 级景区。

十二、著名人物

伏湛(? —37),字惠公,西汉琅琊东武(今属沂水县)人。历任太傅、太守、尚书、宰相、大司徒,封为阳都侯,不其县侯。伏湛在军事上反对长途用兵,主张先求内部安定,不宜舍近务远。治理国家,主张礼乐教化为首要措施。

李逵,中国古代小说《水浒传》中的一位重要人物,他也是在水浒传中最朴实而鲁莽的人物。沂州沂水县百丈树人,因打死人而流亡江州,做了个小牢头。为人心粗胆大、率直忠诚、仗义疏财。

徐奕(? —219),三国魏东莞(今山东沂水)人,字季才。汉末避乱江东,孙策礼命之,奕不就,改名微服还本郡。曹操为司空,辟为掾属,从征马超。操还,以奕为丞相长史,镇抚长安(今陕西西安市西北)。转雍州刺史,复还为东曹掾。出为魏郡太守。操征孙权,徙奕为留府长史。魏国初建,为尚书,主持官吏选拔,建安二十二年(217)迁尚书令。后转中尉,在职数月,以病乞退,拜谏议大夫,卒。

徐广(352—425),字野民,东莞(今山东沂水)人。生于晋穆帝永和八年,卒于宋文帝元嘉二年,年七十四岁。家世好学,至广尤精。百家、数术,无不研览。著有《答礼问》等。

徐之才(492—572),祖籍东莞(今沂水),南北朝时期一代名医。出身世医家庭,其先祖为徐熙,熙之子徐秋夫,秋夫子徐道度及徐叔响,皆以医著名。

秦德纯(1893—1963),沂水镇后埠东村人。曾任中华民国国防部次长、山东省主席兼青岛市市长。南京解放后,秦德纯复任中华民国“国防部”次长，后去台湾。1963 年 9 月，病故于台北。

李觉，山东沂水县人，中国大学毕业，曾任东北军骑兵师排长。1937 年参加中国工农红军，同年加入中国共产党，后任晋西游击队营教导员，鲁西军区团政治处主任，冀鲁豫军分区作战处长，旅参谋长。第二野战军司令部作战处长，师长。参加了平汉、渡江等战役。中华人民共和国成立后，历任十八军参谋长，西藏军区参谋长、副司令，第二机械工业部局长、副部长，核工业部顾问。1955 年，被授予少将军衔，曾获二级独立自由勋章，一级解放勋章。

刘立封(1918—1996)，山东沂水人。1938 年 7 月，入陕北公学学习。1938 年 11 月，加入中国共产党。1939 年 6 月起，任八路军山东纵队政治部组织部干事，沂中县独立营副政委，鲁中军区旅政治部股长，参加沂蒙山区反“铁壁合围”、反“扫荡”和葛庄、临沂等战斗。

张伯秋(1890—1984)，名涛，以字行，沂水镇阳西街人。1919 年，毕业于北京大学法科。曾任国民党山东省政府教育厅、实业厅科长，邹平实验县代理县长，山东省战时工作推行委员会常委兼高级审判处处长，国民党山东省政府司法厅厅长。中华人民共和国成立后，历任山东省人民法院院长、省政法委员会办公室副主任，山东省第一至三届政协副主席。是第一届全国人大代表。

刘惠民，山东沂水人，曾任毛泽东的随军医生，后在 1956 年中国建立高等中医院校后，担任山东中医药大学第一任校长，为中国的中医事业做出了突出贡献。

莒 县

莒县位于山东省东南部，是日照市的一个县。莒故城为莒国、城阳国都治，是山东省重点文物保护单位和历史文化名城。辖21处乡镇(街道)，1260个行政村，总面积1952.42平方公里，总人口113.3万。

2008年10月8日，中共中央、国务院、中央军委在人民大会堂隆重举行全国抗震救灾总结表彰大会上，莒县农民救灾志愿队被评为抗震救灾英雄集体。

一、历史沿革

夏为莒部落，商属姑幕国，周为莒子国。

西周到春秋初期，莒国疆域相当辽阔，拥有介根、夷维、牟娄、诸、琅琊、郓、密、向、余丘、纪障等31个城邑。相当于东临黄海，北到山东省胶州、高密，西到昌邑、蒙阴，南到苍山、郯城、临沭和江苏省赣榆的范围。

在春秋初从计迁莒后，国势强盛，不断与齐、鲁、晋会盟，对周围小国征战。公元前686年夏，齐公子小白在鲍叔牙的保护下奔莒避乱，次年鲁伐齐，小白回齐，是为齐桓公。此即著名历史典故“勿忘在莒”的由来。

到春秋中后期，因屡遭征伐，莒国疆域日小。战国时期，公元前431年被楚所灭(另说齐先灭莒，后又被楚所取)。后属齐地。公元前350年，齐国修建长城，经莒境东莞北部山岭至琅琊入海。公元前284年，燕将乐毅伐齐，攻克齐都临淄，齐缗王出奔莒城，次年被臣下所杀。其子法章在莒被拥立为襄王，率众保莒城以拒乐毅。乐毅连克70余城,唯莒与即墨不下。后燕军为田单火牛阵所破,襄王守莒而终于复国。

秦灭六国后始行郡县制,莒国改称莒县,属琅琊郡,治在莒城。西汉时期,高祖六年(前201)12月,置城阳郡。文帝二年(前178)置城阳国,都莒。东汉末年称莒县,治在莒城,属徐州部琅琊国。三国为魏地,属青州部城阳郡。晋先后属城阳郡、东莞郡,郡治莒县。南北朝时先后属青州东莞郡、莒州义塘郡。隋属琅琊郡。唐、五代初属河南道莒州,后属河南道密州。宋属密州。金元属莒州,州治莒县。明省县入州,属青州府。清称莒州,治在莒城,初承明治,中升直隶州,后为散州,先属山东布政司青州府,后属山东省沂州府。

1913年,改州为县,先后属岱南道、济宁道、琅琊道,1928年裁道后直属省。

1940—1945年,变动频繁,先后分设莒南、莒北、莒中、莒沂边、莒临边、莒诸边、沂东等县。

1945年7月,莒中县改称莒县,驻莒城,隶属山东省滨海专区。

1950年,属沂水专区。1953年,属临沂专区。

1992年12月13日,经国务院批准,莒县由临沂地区划归日照市管辖。

二、位置境域

莒县位于山东省东南部,日照市西部,北纬35°19′—36°02′,东经118°35′—119°06′隶属于沿海开放城市—日照市。东临日照市东港区、五莲县,西界沂水县、沂南县,北接诸城市,南毗莒南县。南北最大长距75.6公里,东西最大宽距37.4公里,总面积1952.42平方公里。

三、行政区划

1910年,分城乡为34个区。1913年,分莒县为36个区。

1929年，划为10个区。1931年，划10个区为332个乡镇，领2585个村。

1940年3月，中共领导下的莒县抗日民主政府成立，行政区划仍沿用10区制。后随抗战形势发展，县境区划析合多变。解放战争时期，初辖18个区，1947年1月辖14个区，区下始设56个乡，1949年年底共辖14个区、142个乡。

中华人民共和国成立后，县内区划变动十余次。2012年，莒县辖21个乡镇，其中17个镇、4个乡，1260个行政村。

四、地理环境

（一）地形

地势北高南低，四周环山，中间丘陵、平原、洼地交接。沭河北入南出，纵贯全境。海拔200米以上的低山，主要分布在县境北部、东部和东南部，占总面积的13.25%；丘陵主要分布在县境东北、西部和南部，占总面积的61.35%；平原主要分布在县境中部沿沭河及其支流两侧的狭长地带，占总面积的23.1%；低平洼地大都分布在莒城周围的几个乡镇，占总面积的2.3%。

（二）山脉

均为泰沂山脉系。海拔200米以上的低山450余座，大多呈东南西北走向。东南有凤凰山、老营顶、高墩子、先行垛、玉皇顶、马亓山，海拔在500米以上，其中马亓山海拔662.2米，是莒县最高峰；东有屋楼崮、桥子山、梁甫山、矬山、院山，东北有歪头山、没头山、宝珠山，海拔均在470米以上；北有五山、金华山、碁山，海拔均在400米以上；西有洛山、浮来山，海拔均近300米。

（三）河流

属沭河、潍河水系，主要有沭河、潍河、绣针河、茅埠河、袁公河、洛河等26条。沭河经沂水县境流入莒县天宝乡，蜿蜒南流，至夏庄镇东 南出境，境内段长76.5公里，流域面积1718.2平方公里，丰水年平均流量27.3立方米/秒，枯水年为0.6立方米/秒。潍河于东莞镇后石崮后村流入莒境，曲折南流到库山乡库山村南与其南源石河水汇合后，东南流入五莲县境，境内段长18公里，流域面积162平方公里。

（四）气候

莒县属于暖温带亚湿润季风气候，四季分明。莒县地区的常年平均气温为12.1℃，年降水量750毫米左右，年日照时数2450小时，年平均无霜期182天。

五、自然资源

（一）矿产资源

莒县矿产资源丰富，初步探明的矿产达38种，铁、铜等金属和石灰石、大理石、页岩黏土等非金属资源尤为丰富。

（二）水资源

莒县有沭河等大小河流26条，有青峰岭等大中小型水库226座，水资源充足。

（三）土壤资源

共有五大土类、12个亚类、13个土属、93个土种。棕壤主要分布在沭河以东及城南各乡镇，占可利用面积的58%。褐土主要分布在东莞、库山、长岭、小店、浮来山等乡镇的丘陵地区，占可利用面积的21.9%。潮土分布于低洼平地，适种作物广，是各种土壤中最好的一个土类，占可利用面积的15.3%。水稻土多分布在县城周围乡镇的部分倾斜平原交接洼地，宜种植水稻，占可利用面积的3%。砂礓黑土主要分布在石灰丘陵东侧低洼狭长地带，占可利用面积的1.8%。

（四）植物资源

植被面积1540.6平方公里，覆盖率78.9%。其中，自然植被面积322.13平方公里，覆盖率16.5%；人工植被面积1218.47平方公里，覆盖率 62.4%。

全县有林地面积达到 58.8 万亩，其中防护林 16.7 万亩，经济林 24.4 万亩，用材林 17.7 万亩，森林覆盖率达 27.8%。

六、人口

2011 年，莒县总人口 110 万人，城市人口 20 万人。

2012 年，总人口 113.3 万。

七、经济

2006—2010 年，莒县生产总值 193.32 亿元；财政总收入、地方财政收入分别达到 9.84 亿元和 4.53 亿元，与“十五”时期相比分别增长 2.24 倍和 1.75 倍；地方财政收入过千万元的乡镇（街道）达到 9 个，增加 8 个。金融机构各项存款余额达到 170 亿元，净增 112 亿元；农民人均纯收入达到 6860 元、城镇在岗职工年平均工资 24599 元，分别增加 2820 元和 13451 元。莒县社会消费品零售总额达到 80.2 亿元，年均增长 19.5%。三次产业比例由 31∶33∶36 发展到 19∶44∶37。

2012 年，全年完成生产总值 248 亿元，同比增长 11%；实现地方财政收入 7 亿元，同比增长 18.9%；城镇居民人均可支配收入、农民人均纯收入分别达到 18518 元和 9750 元，同比增长 12%和 16.5%；完成固定资产投资 163.6 亿元，同比增长 25%；各类存、贷款余额达到 257.6 亿元和 151.2 亿元，分别比年初增加 52.7 亿元和 28 亿元；三次产业比例发展到 15.1∶49.6∶35.3。地方财政收入过千万元乡镇（街道）达到 10 个。

八、社会事业

2006—2010 年，投资 1.6 亿元完成校舍维修改造 30 万平方米，投资 3800 万元建成并启用县第五实验小学，新建或改造乡镇中心幼儿园 20 处。

2006—2010 年间，全面推行新型农村合作医疗，新农合财政补助标准由每人每年10元提高到120元，农民参合率达到96.3%；投资6372万元完成21处乡镇卫生院和454处村级卫生室建设改造任务，招聘508名医务人员到各级医疗机构。

2006—2010年，新增城镇就业3.67万人，安置再就业1.38万人，累计发放失业保险金6480万元。城乡低保提标扩面，农村低保标准提高到每人每年1300元，城市低保标准提高到每人每月303元，农村五保老人集中供养率达到70%。五年积累各项社保基金突破10亿元，年均增长23%。为1166户城镇低收入住房困难家庭发放补贴200万元。完成农村贫困残疾人危房改造425户，自2010年起为农村重度残疾人每人每月发放生活补贴50元。

2006—2010年，莒县与山东师范大学联合成立"莒文化研究中心"，有3项非物质文化遗产被列入国家名录，《莒县过门笺》被联合国教科文组织认定为非物质文化遗产代表作。

九、交通

莒县南靠兖石铁路，北近胶济铁路，东临日照港，206国道，225、335、336省道交汇莒城，连接京沪高速、同三高速的日东高速公路和胶新铁路贯穿境内。

截至2013年，莒县累计建成高速公路45.97公里(其中，日东高速37.47公里，青临高速8.5公里)。累计改造农村公路2703.8公里，建设大中桥158座，累计完成投资10亿元。

至2012年年底，莒县农村公路通车里程达2777.95公里。其中，县道346.45公里，乡道247.59公里，村道为2183.91公里。

截至2013年，莒县共建有客运站20处，其中县城2处(二级、三级站各1处)，乡镇客运站18处；莒县共有二级客运站1个，三级客运站2个，四级站1个，五级站16个。

十、旅游

莒地古城堡遗址达十几处，古遗址、古墓葬已发现1291处。

浮来山景区：国家 AAAA 级旅游区、省级风景名胜区和省级地质遗迹保护区，被评为 2005 年山东省十大魅力景点之首。景区内的定林寺，是刘勰故居。寺院正中矗立着“天下银杏第一树”，高 24.7 米，粗 15.7 米，树龄近 4000 年。

莒县博物馆：位于莒县县城青年路南端。始建于 1986 年，占地 5200 平方米，建筑面积 1500 平方米，馆藏文物 12000 余件，一、二、三级文物 200 余件。分为“莒国文物基本陈列”“莒县流散文物珍品专题展览”两大系列，1989 年对外开放，与青州、滕州并称山东省三大县级博物馆。被评为“山东省优秀博物馆”“山东省文化系统先进集体”“山东省首批爱国主义教育基地”“山东省青少年教育基地”“国防教育基地”“山东省科普教育基地”。

齐长城：齐长城莒县段位于东莞镇东莞村北 4 公里的光光山至长城岭上，长 8 公里、宽 10 米、高 2—3 米。城用夯土筑成或沿山就地取石砌成。北段从光光山入莒，呈南北走向。西段从沂水县垛庄东南沿莒沂边界呈东西走向入莒。两段在杨廷官庄会合，呈西北东南走向入诸城。1977 年，被公布为“省级重点文物保护单位”。

其他景区：城阳王刘章墓、陵阳河遗址、横山抗日根据地、马鬐山风景区、屋楼崮。

十一、著名人物

刘勰（约 467—539），字彦和，南北朝东莞莒人。文学理论批评家。著有《文心雕龙》。

邹惟新（约 1287—?）字仲德，城阳镇邹家庄子人。元皇庆二年（1313 年）考取乡贡进士。任沂水、日照等县儒学教谕，任松州学正、承事郎潍州同知、亚中大夫同佥太常礼仪院事。

王尽美（1898—1925），原名王瑞俊，字灼斋，莒县大北杏村（今属诸城市）人。是中国共产党的创始人之一，是山东党组织早期的组织者和领导者。1919 年，参加“五四”爱国运动，被推举为山东学生联合会负责人之一。

宋平，莒县招贤镇大罗庄人。1917 年生，1934 年后在北平大学农学院、清华大学学习。1936 年参加工作，1937 年 12 月加入中国共产党。1989 年 6 月，在中共第十三届四中全会上增选为中央政治局常委。1990 年 11 月至 1998 年 12 月，担任中国计划生育协会会长。

王玉璞(1890—1941)，原名王楷，字玉璞，小店镇前山头渊人。1937 年秋，加入中国共产党。1939 年秋，成立自卫常备队，任大队长。1940 年 3 月，奉命整编为八路军山纵九支队一大队，任大队长。9 月，又编为山纵二旅六团三营，任营长。

马骅(1913—1958)，原名凤祥，字鸣岐，小店镇吕家崮西村人。1938 年 7 月加入中国共产党。历任营长、旅参谋长、县长、军分区司令员等职。抗日战争期间，在国民党军内工作，1940 年 4 月率国民党莒县许树声混成旅一个营起义，成立八路军莒县独立营。

吕鸿宾(1911—1990)，莒县阎庄镇爱国村人，全国著名农业劳动模范，一至六届全国人大代表。

十二、荣誉

全省社会治安综合治理模范县

全省精神文明建设工作先进县

全国文明县城

全省农业产业化先进县

食品农产品安全示范区

全国科技工作先进县

蓝色经济最具竞争力县域城市

中国最具特色魅力旅游名县

莒 南 县

莒南县隶属于山东省临沂市，地处山东省东南部鲁苏交界处，东与山东省日照市相邻，紧靠岚山港，南与江苏省连云港市接壤，西与临沂市河东区毗邻，北与莒县相接。截至 2014 年 3 月，总面积 1388 平方公里，辖 12 个镇街和 1 个省级经济开发区，242 个行政村(社区)，81.64 万人口。

莒南是沂蒙革命老区的重要组成部分，是山东省四个一类革命老区县之一，被誉为“齐鲁红都”、山东的“小延安”。

一、历史沿革

西周时莒南地域属向国。

东周时向国为莒国所灭，莒南地域属莒国。

秦时随同莒国划入琅琊郡莒县。

西汉时属高乡县，高乡县属徐州刺史部琅琊郡。

东汉时郡改国，属徐州刺史部琅琊国莒县。

曹魏时莒南地域中部和东部属青州城阳郡莒县，西部沭河两岸狭长地段(即今王家沟乡、石莲子乡、道口乡、刘家庄乡、官坊乡、相沟乡及板泉镇一带)属徐州琅琊国开阳(今临沂市)。

西晋时莒南地域大部属徐州东莞郡莒县，沭河以西部分属徐州琅琊国开阳县。东晋十六国时莒南地域依时间顺序先后属后赵、前燕、前秦、后燕、东晋、南燕，均隶属于东莞郡，并以郡代县，独南燕时郡县分治，莒南地域属东莞郡莒县。

刘宋时莒南地域属徐州东莞郡莒县，明帝(公元 465 年至公元 471 年)失淮北后，莒南地域归元魏，属南青州东莞郡莒县。高齐时莒南地域属南青州义塘郡怀仁县。宇文周时属莒州义塘郡怀仁县。

隋时属沂州(琅琊郡)莒县。

唐时属河南道密州莒县。

五代时沿唐制,仍属河南道密州莒县。

北宋时属京东东路密州莒县。

金时属山东东路莒州莒县。

元时属山东东西道宣慰司益都路莒州莒县。

明代莒南地域大部属山东布政司青州府莒州。莒州区划为5个乡、2个镇、13个店,2个镇中的十字路镇属莒南现行区划,13个店中的朱陈店(大店)、筵宾店、高埠店(坪上)属莒南现行区划,5个乡中的沭阴乡和筵宾乡的南部属莒南现行区划。另莒南现行区划中的板泉、相沟、刘家庄、官坊等乡(镇)及岭泉乡南部、十字路镇西部、洙边乡西部属山东布政司兖州府沂州。

清代莒南地域多部属山东布政司沂州府莒州。清初莒州割5个乡为20牌,牌领社,20牌中属莒南现行区划的有望仙、泉子、朱芳3牌全部和柳沟、相娄、朱车3牌的一部分。另外,莒南现行区划中的板泉镇、官坊乡、刘家庄乡、相沟乡和岭泉乡南部、十字路镇西部、洙边乡西部属沂州府兰山县临沭乡。清末宣统三年(1911年)兰山县临沭乡析为东潘、南河村和板泉崖3个乡区,原属兰山县临沭乡的莒南县现辖地域此时属兰山县板泉崖乡区。

民国时期,莒南地域随莒县和临沂县先后属岱南道、济宁道、琅琊道、山东省政府。1929年,莒县划为10个区。1931年,区下设332个乡镇,10个区中九、十两区的全部和七、八两区中的部分乡镇属莒南县现行区划。另外,原兰山县的东潘、南河村和板泉崖3个乡区合并为临沂县第五区,因而原属兰山县板泉崖乡区的莒南县现辖区域改属临沂县第五区。

1940年3月，莒县抗日民主政府建立，莒南地域的大部属莒县抗日民主政府，西南部仍属临沂县第五区。5月，设莒县抗日民主政府莒南行署，在莒南地域代行莒县抗日民主政府职权。同年9月，莒南行署撤销，改设莒南视导处。

1941年1月1日，莒南县抗日民主政府建立，隶属于滨海区各县联合办事处。8月，隶属于滨海区专员公署。

1943年6月，隶属于滨海区专署第三行署。

1945年4月，隶属于滨海区行署第三专署。

1946年7月，隶属于滨海专员公署。

1948年7月，隶属于鲁中南行政区第六专署。

1949年7月，隶属于滨海专署。

1950年4月，隶属于沂水行政督察专员公署。

1953年8月，隶属于临沂专区。

1968年3月，隶属于临沂地区革命委员会。

1978年7月，隶属于临沂地区行政公署。

1994年，临沂地区改地级临沂市，仍属之。

二、行政区划

（一）区划沿革

1941年1月1日，析原莒县南部九、十两区和七、八两区部分地域建莒南县，成立抗日民主政府。建县后，区划调整为汀水、大店、路镇、洙边、扁山、壮岗、坪上7个区，区下设乡。

1942年1月，撤销原区、乡编制，并建立行政村。全县设18个区和2个镇。

1942年9月，沭河以西的汀水、许口两区划属莒临边办事处，莒中县的坡子、涝坡划入莒南县，这时莒南县的区划调整为12个区：路镇、涝坡、陡山、大店、沟头、筵宾、扁山、洙边、壮岗、团林、薛庆、址坊。

1942 年 5 月,团林区划属日照县。是年 9 月,复划归莒南县。

1943 年 5 月,薛庆、址坊两区划属日照县。

1945 年 2 月,壮岗、团林两区 80 余个村庄划属卢山县。

1945 年 9 月,卢山、莒临、沭水 3 个县撤销,原分属 3 个县的团林、壮岗、汀水、许口、板泉、新建、兴云等 7 个区划属莒南县。日照县的薛庆、址坊两区又划归莒南县。这时莒南县辖 17 个区和 2 个镇,17 个区分别是路镇、大店、沟头、洙边、许口、汀水、扁山、涝坡、址坊、薛庆、筵宾、陡山、新建、兴云、板泉、团林、壮岗,2 个镇分别为十字路镇、大店镇。

1947 年 7 月,全县区划调整为 10 个区 60 个乡。

1949 年 3 月,将全县 60 个乡改划为 164 个小乡(包括路镇、坪上、大店、板泉 4 个区辖镇)。

1950 年 11 月 30 日,全县 10 个区改按序号称,路镇、涝坡、大店、汀水、岭泉、板泉、洙边、桑庄、坪上、壮岗依次改为一至十区。

1952 年 2 月,第九区北部增划为第十一区,第二区北部增划为第十二区,第六区东南部和第七区西部增划为第十三区,全县共 13 个区,区领乡,共 163 个乡。

1955 年 9 月 30 日,区名改用区政府驻地名称,唯一区、四区、八区、十二区、十三区分别称为路镇区、汀水区、桑庄区、薛庆区和三义区,十字路镇划为直辖镇。此时全县 13 个区,1 个直辖镇。

1956 年 3 月,临沭县撤销,其青云、夏庄、蛟龙、玉山四区划属莒南县,此时全县 17 个区,1 个直辖镇

1958 年 1 月,区、镇制撤销,全县设置 23 个乡:路镇乡、涝坡乡、大店乡、石莲子乡(原汀水区)、岭泉乡、板泉乡、相沟乡(原三义区)、洙边乡、坊前乡(原桑庄区)、坪上乡、壮岗乡、朱芦乡、文疃乡(原薛庆区)、韩村乡(原青云区)、夏庄乡、蛟龙乡、朱仓乡(原玉山区)、筵宾乡(原大店区南部)、道口乡(原汀水区南部和岭泉区西

部)、相邸乡(原桑庄区西部)、团林乡(原坪上区南部和壮岗区东部)、白旄乡(原青云区西部)、周庄乡(原夏庄区南部)。8月初,撤销周庄乡、道口乡和朱芦乡,其所属村庄分别并入夏庄乡、岭泉乡和坪上乡,这时全县共20个乡。

1958年8月23日,撤乡建立20处人民公社:灯塔社(路镇)、友谊社(相邸)、超美社(筵宾)、红旗社(板泉)、和平社(朱仓)、跃进社(壮岗)、超英社(相沟)、友好社(洙边)、建华社(坊前)、红星社(文疃)、大山社(坪上)、红光社(团林)、上游社(涝坡)、卫星社(岭泉)、旗帜社(大店)、英雄社(石莲子)、曙光社(韩村)、东方红社(白旄)、太阳升社(夏庄)、幸福社(蛟龙)。11月,成立莒南人民公社,原20处人民公社改为莒南人民公社的20个生产管理区:路镇、大店、涝坡、筵宾、石莲子、岭泉、板泉、相沟、洙边、坊前、相邸、坪上、壮岗、团林、文疃、韩村、朱仓、白旄、夏庄、蛟龙。12月,莒南人民公社撤销,20处管理区恢复为人民公社。

1959年3月,路镇人民公社改称石泉湖人民公社(1960年3月又改称路镇人民公社),9月,大山人民公社南部增划为坪上人民公社。

1961年8月,临沭县建置恢复,韩村、白旄、朱仓、夏庄、蛟龙5公社和40个管理区划归临沭县,莒南县存16处人民公社、128个管理区。

1963年1月,16处人民公社改称区,管理区改称人民公社。1971年4月22日,区复称人民公社,128处人民公社仍称管理区。

1981年10月26日,许口人民公社改称石莲子人民公社。12月26日,路镇人民公社撤销,恢复十字路镇。

1984年4月,撤销16处人民公社,置21个乡、4个镇,辖934个行政村(987个自然村)。

1985年5月,文疃乡、壮岗乡、小官庄乡、狮子口乡分别改称文疃镇、壮岗镇、王家沟乡、陡山乡。

1993 年，全县辖 19 个乡、6 个镇、935 个行政村(994 个自然村)。

(二)区划详情

莒南县辖 1 个街道办事处、13 个镇、2 个乡：十字路街道、大店镇、文疃镇、坊前镇、板泉镇、洙边镇、石莲子镇、岭泉镇、筵宾镇、涝坡镇、坪上镇、壮岗镇、团林镇、朱芦镇、道口乡、相沟乡。2009 年 9 月，坪上镇、壮岗镇、团林镇、朱芦镇 4 个乡镇成立临沂临港经济开发区(临沂临港经济开发区为临沂市政府派出正处级机构)。

三、人口

2013 年，莒南县人口总户数 296828 户，总人口 824914 人；出生 9728 人，死亡 6309 人。人口出生率 11.8‰，死亡率 7.7‰，人口自然增长率 4.1‰。

四、地理环境

(一)位置境域

莒南县隶属于山东省临沂市，位于山东省东南部鲁苏交界处，东与新兴港城日照市相邻，紧靠岚山港，南与江苏省连云港市接壤，西与临沂市河东区毗邻，北与日照市莒县相接。县人民政府驻十字路街道。

(二)地质地貌

莒南县跨胶南地体和沂沭断裂带。亚洲东部著名的郯(城)庐(江)巨型断裂带呈北北东向通过县境西部。沂沭断裂带最东侧的分支断裂昌邑——大店断裂，将县境地分为两部分：断裂带以东为“胶南地体”，是扬子板块和华北板块的碰撞带，地体的基底结晶岩系为元古界胶南群；断裂以西为“沂沭断裂带”。上述两个地质构造单元在地层、构造、岩浆岩等方面，具有显著差异。

莒南县属鲁东南丘陵区，为胶南隆起的一部分。地势总特点是东高西低，东部是北高南低，并向东南和西南呈脊背状倾斜。全县平均海拔高度200米，最高点是县境北部的马山，海拔高度662.2米；最低点在壮岗镇陈家河村前，海拔高度19.9米。县境地貌以大店、十字路至相沟为界，分为东西两部分：东部低山丘陵区，西部平原区。大致分为低山丘陵区、剥蚀丘陵区、岭下平地和洪积——冲积平原区四种地貌类型。以低山丘陵为主，其他类型地貌分布面积较小。低山丘陵区县境十字路至厉家寨以北，大店至十字路以东的县境北部和东北部地区，部分分布于南部和东南部，朱芦、厉家寨、文疃、柳沟、涝坡、陡山等乡（镇）的大部分地区，大店、十字路、筵宾、坊前、相邸、相沟及洙边等乡（镇）的部分地区，属于低山丘陵区。海拔高度在100米以上、坡度大于8°的低山丘陵区约为526－700平方公里，占全县总面积的30％－40％。其特点为北部山峻坡陡，沟深谷狭，岩石裸露，土层较薄；东及东南部山低岭缓，土层较厚。

剥蚀丘陵区主要分布在县境南部和东南部，局部分布于西北部，相邸、坊前、坪上、团林、壮岗、演马、洙边、相沟、官坊、王家沟等乡（镇）的部分地区，属于剥蚀丘陵区。境内海拔高度低于100米，坡度低于3°—5°的剥蚀丘陵区约526－613平方公里，占全县总面积的30％－35％。该区特点为丘低坡缓，阜岗浑圆，沟宽谷阔，起伏如波，十字路至坪上间的“九岭十八坡”即为这种地貌的典型特征。该类地貌基岩的风化剥蚀程度严重。基岩类型主要以胶南群变质岩系为主，其次为泰山群变质岩，部分地段为燕山期花岗岩类和白垩系陆相碎屑岩、红色沙砾岩。基岩之上形成厚风化壳。地表多被残坡土覆盖，土层较厚，以白浆化棕壤为主，县内多垦为耕地。

岭下平地县境东部的山前平地、岭间平地及沿河谷地，为岭下平地区，多与低山丘陵和剥蚀丘陵相间分布。特点为谷宽而平，地块大，阶差小。成土母质为洪积物、冲积物及残坡物。土壤类型为潮棕壤、河潮土、水稻土，局部为白浆化棕壤，是县内粮油耕作区。

境内山脉系崂山—五莲山脉余脉，由莒县长城岭岭脉和万松山脉延伸而来。分为六条山脉，按大小排列，依次为：崂山山脉、黄山山脉、望海楼山脉、五龙山脉、甲子山脉、石杭山脉，共有大小山头517座。

（三）水文

莒南县有两大水系：沭河水系居县境西、北部，流域面积902平方公里，占全县总面积的51.4％，主要支流有浔河、鸡龙河、武阳河、鲁沟河、汀水河。滨海水系位于县境东、南部，主要河流有龙王河、洙溪河、绣针河。三河均系单独入海水系。流域面积850平方公里，占全县总面积的48.6％。

（四）气候

莒南县属暖温带季风区半湿润大陆性气候，大陆度61.1％。气候总特征：春季温暖，干燥多风；夏季湿热，雨量充沛；秋季凉爽，昼夜温差大；冬季寒冷，雨雪稀少。四季分明，光照充足，无霜期长。常年最热月为7月和8月，平均气温为25.5℃，年际变动在28.2℃－23.3℃之间，极端最高气温为38.9℃（1988年7月8日）；常年最冷月为1月，平均气温为-1.9℃，年际变动在-4.6℃－0.3℃之间。极端最低气温为-19.2℃（1969年2月5日）。当地有“冷在三九，热在中伏”之谚。降水量的地区分布历年降水量分布中间少，东西多，由东西部向中间递减。多年平均降水最多的地区为东部朱芦一带（898.0毫米），最少为北部陡山一带（773.9毫米）。各月平均日照时数以5月和6月最多，分别为244.1小时和222.0小时。最少是2月和7月，分别为173.7小时和181.4小时。

五、自然资源

莒南县可供开采的矿产有金、银、铁、铜、重晶石、氟石、明矾石、石墨、紫砂岩、白云石、花岗石、石英石等30多种。其中，重晶石、氟石储量为山东省之冠，石墨为省内稀有，优质紫砂岩储量1亿多立方米，花岗石储量10亿多立方米。

六、经济

2013年，莒南县完成生产总值233.56亿元，按可比价格计算，同比增长11.2%。其中，第一产业增加值30.83亿元，同比增长3.2%；第二产业增加值96.46亿元，同比增长11.2%；第三产业增加值106.27亿元，同比增长13.7%。三次产业比例为13.2∶41.3∶45.5，第一产业比重比上年下降0.6个百分点，第二产业比重比上年提高0.4个百分点，第三产业比重比上年提高0.2个百分点。人均生产总值31866元，比上年增长10.9%。

（一）第一产业

2013年，莒南县农林牧渔业总产值55.96亿元，同比增长3.3%；实现农业增加值30.83亿元，同比增长3.2%种植业。全年农作物播种面积144.54万亩，比2012年下降1.2%。其中，粮食作物播种面积101.49万亩，比2012年下降2.0%。全年粮食总产量43.22万吨，比2012年下降0.2%。夏粮播种面积50.29万亩，比2012年下降0.7%；总产量19.85万吨，比2012年增长0.8%。其中，小麦播种面积50.2万亩，比2012年减少0.42万亩；单产394.8公斤，比2012年增加6.1公斤；总产量19.82万吨，比2012年增长0.7%。秋粮种植面积51.2万亩，比2012年减少1.65万亩；产量23.4万吨，比2012年下降1.0%。秋粮中，玉米产量17.3万吨，比2012年增长1.4%；稻谷产量1.94万吨，比2012年下降10.6%；薯类产量3.73万吨，比2012年下降5.5%；豆类产量4011吨，比2012年下降7.5%。经济作物中，花生种植面积32.72万亩，增加36亩，产量11.04万吨，比2012年增长2.1%；烤烟种植面积1.65万亩，增加0.17万亩，产量3165吨，比2012

年增长21.7%；蔬菜种植面积6.57万亩，减少1576亩，产量19.14万吨，比2012年下降2.3%；年末茶园面积6015亩，产量265.8吨，比2012年增长0.6%；年末果园面积1.54万亩，水果产量2.54万吨，比2012年下降7.9%；蚕茧产量926.86吨，比2012年增长5%。

2013年，莒南县新造林1821公顷，其中用材林366公顷，经济林446公顷，防护林802公顷；四旁植树187万株；新育苗822公顷。林木覆盖率达34.5%。年末实有自然保护区1个，自然保护区面积4210公顷；野生动植物保护管理站1处。全年木材采伐量3.01万立方米，全年板栗产量1.5万吨，柳条产量2.5万吨。年末木材蓄积量71.7万立方米。

2013年，莒南县生猪出栏149.56万头，比2012年增长9.2%；牛出栏4.41万头，比2012年下降0.2%；羊出栏8.44万只，比2012年下降0.4%；家禽出栏502.2万只，比2012年增长12.6%。全年肉类总产量10.51万吨，比2012年下降1.3%；禽蛋产量1.50万吨，比2012年增长23.9%。年末生猪存栏89.44万头，牛存栏3.21万头，羊存栏8.81万只，家禽存栏288.05万只。

2013年，莒南县水产养殖面积3200公顷，全年水产品产量10500吨，比2012年增长6.5%。

（二）第二产业

2013年，莒南县229家规模以上工业企业实现总产值544.7亿元，同比增长28.6%；实现工业增加值107.6亿元，同比增长16.7%；工业产品销售率98.9%，同比下降0.2个百分点。全县有143家企业产值过亿元，比上年增加26家，完成产值498.5亿元，占全部规模以上工业产值的91.6%，同比提高5.64个百分点。

2013年，莒南县规模以上工业企业实现产品销售收入536.54亿元，同比增长27.3%；实现利税43.24亿元，同比增长41.4%；

其中利润27.92亿元，同比增长37.7%。全县有109家企业实现利税过1000万元，其中8家企业利税过5000万元，有5家过亿元。

2013年，莒南县具有资质等级三级以上建筑施工企业完成总产值49.4亿元，同比增长40.3%；房屋建筑施工面积386.8万平方米，竣工面积279.6万平方米，分别同比增长11.5%和37.4%。

（三）第三产业

2013年，莒南县规模以上固定资产投资完成129.2亿元，同比增长20.7%。其中，500万元以上项目137个，完成投资117.06亿元；新开工亿元以上项目56个，完成投资91.6亿元。投资结构持续优化。在规模以上固定资产投资中，第一产业完成投资3.34亿元，同比增长5.9%；第二产业完成投资85.62亿元，同比增长23.5%；第三产业完成投资40.24亿元，同比增长16.1%。房地产开发完成投资12.13亿元，同比增长51%。商品房施工面积92.36万平方米，同比增长13.9%；销售面积42.12万平方米，同比增长12.1%。

2013年，莒南县实现社会消费品零售额105.2亿元，同比增长13.3%。从销售单位所在地看，城镇消费增速快于农村，城镇实现零售额81.47亿元，乡村实现零售额23.76元，分别同比增长13.8%和13.1%。从行业看，批发业实现零售额19.69亿元，同比增长12.7%；零售业实现零售额73.13亿元，同比增长13.7%；住宿业实现零售额2.80亿元，同比增长12.9%；餐饮业实现零售额9.61亿元，同比增长10.5%。

2013年，莒南县完成进出口总额82615万美元，同比增长17.3%；完成出口51274万美元，同比增长18.3%；完成进口31341万美元，同比增长15.7%。全年办理进出口权企业32家；实际利用境外资金3195万美元；新批境外投资项目2个，对外投资2800万美元;外派劳务830人。

2013年,莒南县完成邮政业务总量3076万元,同比增长21.2%。完成电信业务总收入3.48亿元,同比增长10.5%。年末,固定电话用户10.12万户,比年初增加0.7万户;移动电话用户72.7万户,比年初增加4.2万户。年末,互联网用户10.59万户,比年初增加2.63万户。

2013年,莒南县全县金融机构各项存款余额223.31亿元,比年初增加33.74亿元。其中,居民储蓄存款余额174.96亿元,比年初增加26.60亿元。金融机构贷款余额123.84亿元,比年初增加16.86亿元。其中,短期贷款78.22亿元,比年初增加4.59亿元;中长期贷款30.35亿元,比年初增加8.08亿元。个人消费贷款12.57亿元,比年初增加2.9亿元;固定资产贷款13.3亿元,比年初增加3.46亿元。

七、交通

莒南县兖(州)石(臼)铁路、岚(山)济(宁)公路横穿东西,莒(县)新(浦)、莒(县)阿(湖)公路纵贯南北,206国道在境内西北部穿过;距石臼港50公里,岚山港25公里,距连云港及其机场各60公里,临沂机场40公里。

八、社会事业

(一)科技

2013年,莒南县组织申报市级以上各级各类科技计划项目45项,已获批立项19项,获省级科学技术奖励2项,市级科学技术奖励9项。评选出县级科学技术特别贡献奖1名,科技进步奖21项,技术发明奖21项,产学研联合创新突出贡献奖3项,科学技术成果转化促进奖3项。全县2个单位荣获国家技术市场科技金桥奖,5个单位荣获省级技术市场金桥奖。截至2013年,全县拥有上级科技部门认定的科技创新平台9家,其中,山东省工程技术研究中心2家，山东省企业重点实验室1家，临沂市工程技术研究中心6家。全年申报专利404项，授权专利327项。其中，发明专利申报64项，授权21项。

（二）教育

2013年，莒南县全县普通中学25所，其中高级中学4所；在校学生4.18万人，其中高中1.59万人。小学校105所，在校学生4.20万人。全年小学招生6508人，初中招生8188人，高中招生5641人。中学专任教师3282人，小学专任教师3426人。职业教育、特殊教育健康发展。职业教育中心1处，在校学生4955人；特殊教育学校2所，在校学生317人。教学条件明显改善。2013全县共规划建设中小学校安工程和学前教育三年行动计划项目45处。其中，校安工程项目23个，规划面积41820平方米，规划投资4190万元。学前教育三年行动计划项目20个，规划面积22000平方米，投资2300万元；危险校舍重建项目2个，维修改造项目38个，规划建筑面积31000平方米，规划投资3394万元。

（三）文化

2013年，莒南县完成60个村级文化大院标准化建设任务，提升改造40家农家书屋，为发挥农家书屋作用，为全县43个村居的1.6万家农户配齐了“书柜”。全年共购进并分类编目新书5000余册，征订报刊200余种，装订入库报刊300册。共入藏社会各界人士捐赠图书2000余册。投资1.8万元购进电子图书11万种，图书馆共拥有数字资源5.1TB。组织人员先后普查县图书馆和县博物馆现存古籍500余册，建立中华古籍数据库。新设老龄阅览室、未成年人阅览室、盲人阅览室，购置适合老年人阅读的报刊和书籍，盲文图书300余册。

（四）卫生

2013年，莒南县全县共有医院、卫生院（含社区卫生服务站、中心)23 处,防疫站、结防所、皮防站、卫生监督所各 1 处,民营医院 8 处,农村卫生室 526 处。卫生机构(含民营医院)拥有病床 3104 张。各类卫生技术人员 2803 人,其中,医生 870 人,注册护士 1025 人,药师 197 人。

(五)体育

2013 年,莒南一中学生参加全国田径赛获得 5000 米第一名,在全国田径锦标赛上获 5000 米第二名。莒南四小在市中小学足球联赛中获小学女子组第一名,并代表临沂市在山东省中小学生足球联赛中获得小学女子组第七名。新建 60 个城乡社区健身活动站点,在鸡龙河南岸安装了 113 件健身器材,价值 25 万元。为全县 120 个行政村发放 200 余万元的健身器械。

(六)社会保障

2013 年,莒南县城镇新增就业人口 6256 人。其中,下岗职工再就业 3783 人。转移农村劳动力 15010 人次。城镇登记失业率 1.62%。年末在岗职工人数 54650 人。企业基本养老保险、机关事业单位养老保险、城乡居民养老保险、基本医疗保险、失业保险、工伤保险、生育保险参保人数分别达到 3.9 万人、1.7 万人、34.4 万人、7.9 万人、3.2 万人、4.4 万人、2.6 万人。培训社会各类人员约 2 万人。其中,培训农村劳动力 1.9 万人;组织职业技能鉴定 4422 人,发放职业资格证书 3244 份。受理劳动争议案件 101 件,已审理结案数 98 件,结案率 97%。全年城镇低保对象 1758 户、4074 人,发放低保金 970.9 万元;救助农村低保对象 41778 户、43022 人,发放救助金 5138 万元;农村“五保”2063 人,投入供养资金 209 万元。

九、地方特产

莒南驴肉:“莒南老地方驴肉店”和“莒南正宗驴肉馆”,用独特工艺炮制的香喷喷的驴肉,配以色泽橙黄汁汤,辅之浓香咸辣的佐料，色、香、味、形俱佳。与临沂八宝豆豉，蒙阴光棍鸡并列为沂蒙三大名吃。

桃花林羊肉：县内坊前镇桃花林村的羊肉汤以肉纯、干净、味美、熟的透、够斤两为主要特点。

王记狗肉：祖传手艺，做工精细，用料奇特，鲜醇味美，色香、味美、肉嫩，凉吃热食皆宜，是上乘的滋补食品。尤其是儿童食之，能清瘀去痞，补胃养肾。

相邸煎饼：采用当地优质小麦、玉米、小米、芝蔴、穇子米等当地杂粮，拌四季野菜、蔬菜精工制作。

莒南地瓜菜：采用当地产红瓤大地瓜，削皮切条，佐以花生面，清水煮之，开锅加盐即可食用。味道香美，营养丰富，风味独特，是传统的民间小吃。

十、民俗

莒南方言隶属于汉语北方方言的胶辽官话，就山东方言而言，属于山东东区方言的东潍片。而与其相邻的临沂属于山东西区方言的西鲁片，连云港属于江淮官话的洪巢片，日照属于山东东区方言的东潍片。就方言区划来说，它恰处于山东东、西两区方言的过渡区域，又位于南北方言的交界地带，既有北方方言的特点，又受到南方方言的影响。

十一、旅游

莒南县旅游有孙镗纪念馆、石铁陨景点半日游、山东省莒南佛教文化苑建设项目、八路军 115 师司令部旧址暨山东省政府诞生地二期建设项目、山东省莒南厉家寨纪念馆项目、山东省莒南沂蒙乡村风情园旅游开发项目、山东莒南左山恐龙遗迹地质公园项目、山东省莒南七彩旅游谷开发项目。

（一）天佛风景名胜区

天佛景区位于县城北，真山、真水、真大佛是其主要特色。

（二）马鬐山景区

马鬐山风景区，位于莒南县城北10公里，景区面积50平方公里，山峰海拔662.2米，是莒南卧佛风景名胜区的一个重要组成部分，有“四奇”、“四怪”、“四秀”之说。

省府旧址（莒南大店）莒南红色景点众多，有山东省政府诞生地、115师司令部旧址、中华抗日第一村——渊子崖、甲子山战斗遗址、山东新华书店诞生地、山东省第一个团支部诞生地、鲁东南革命烈士陵园、毛主席批示的三个单位等。八路军115师司令部旧址、山东省政府诞生地位于山东省莒南县大店镇。1961年11月，被国务院批准为国家重点文物保护单位，是革命传统及爱国主义教育基地。

（三）厉家寨旅游区

以厉家寨红色旅游区为中心，形成了园林式石雕石刻城—孙镗纪念馆、铁牛庙石铁陨石—厉家寨展览馆—万亩樱桃园红色观光旅游一条线。

（四）沂蒙乡村风情园

沂蒙乡村风情园是全国著名的农业生态旅游示范区。景区在县城南5公里处，面积18平方公里，有“小江南”之称。

十二、历史人物

庄陔兰（1872—1946），字心如，春亭，原名庄阿兰。曾任山东省民政长官公署总务厅厅长、兼任山东图书馆馆长，山东省议会议长，国会参议院议员。1934年春，任《重修莒志》总纂。1936年，任孔子77代孙孔德成汉文教师，1946年在曲阜去世，葬于孔林。其代表作为颜体《重修定林寺碑》。

十三、荣誉

中国花生之乡

中国板栗之乡

中国茶叶之乡
中国草莓之乡
中国柳编艺术之乡
中国石雕艺术之乡
中国磨料磨具之乡
全国科普示范县
全国科技工作先进县
全国经济林建设先进县
全国农田水利建设先进县
全国农业综合开发先进县
全国粮食生产先进县
全国生猪调出大县
全国“万村千乡”工程先进县
全国计划生育优质服务先进县
全省生态建设示范县
全省社会文化先进县
全省农业产业化先进县
全省服务业发展先进县

河　东　区

河东区隶属山东省临沂市，成立于1995年年初，因位于沂河东岸而得名。位于山东省东南部，介于北纬34°35′—35°20′、东经118°22′—118°40′之间，西隔沂河与兰山区相望，是临沂市三个城区之一。

河东区面积613.38平方公里，户籍人口55.92万（2013年），辖8个街道、3个镇。河东区地形多为平原，气候属温带季风半湿润海洋性气候。河东区境内主要有汤头温泉、临沂国际影视城、新四军军部旧址等景点。

2012年，河东区实现地区生产总值146.92亿元。

一、历史沿革

春秋战国时期，该地区先后属郯国、鲁国和楚国。

秦朝属琅琊郡。

西汉置即丘县（治所前祝丘邑），属东海郡。东汉改属琅琊郡，即丘侯国。

北魏永安二年（529年），在即丘治所设北徐州，辖东泰山郡、琅琊郡。

隋初属徐州刺史部，开皇十六年（596年），从即丘县域内另置临沂县，治所设于原北徐州州所；大业元年（605年），并即丘县入临沂县。

唐五代时期属河南道沂州（琅琊郡）临沂县。

宋代属东京东路沂州临沂县。

元代属益都路沂州临沂县。

明至清初，以州代县，属沂州。

清雍正十二年(1734 年)至 1913 年属沂州府兰山县。

1913 年属济宁道临沂县，1925 年属琅琊道临沂县，1928 年属山东临沂县。1936 年 2 月，属山东省第三行政区临沂县。

革命根据地时期到 1958 年属临沂县，1958 年至 1963 年属县级临沂市。1963 年至 1983 年属临沂县。1983 年 9 月至 1994 年属县级临沂市。1994 年 12 月设立河东区。1995 年年初，临沂撤县设市，河东被划为新区。

二、行政区划

2013 年，河东区辖 8 个街道、3 个镇：九曲街道、芝麻墩街道、梅家埠街道、相公街道、太平街道、汤头街道、凤凰岭街道、朝阳街道、重沟镇、八湖镇、郑旺镇。

三、地理环境

(一)位置境域

河东区位于山东省东南部，介于北纬 34°35—35°20、东经 118°22—118°40 之间，东与莒南县、临沭县毗连，西隔沂河与兰山区相望，南靠郯城县，北邻沂南县。西依沂河与临沂市区相接。面积 613.38 平方公里。

(二)地形地貌

河东区地处山东三大平原之一临郯苍平原，地势北高南低，地形多为平原。河东区境内地势平坦，相对高度较小，北部为低矮丘陵区，中南部为沂沭河冲积平原，标高 58—130 米。

(三)气候

河东区属温带季风半湿润海洋性气候，四季分明。年均降水量 800 毫米，历年平均气温 13.1℃，无霜期平均 202 天。

(四)水文

河东区境内有沂河、沭河、汤河等河流经过。

四、自然资源

（一）矿产资源

截至2011年，河东区境内已发现的矿产资源14种，其中金属矿产2种（金、铜），非金属矿产12种，大部分系复合共生矿床，地热产地1处。

（二）土地资源

截至2006年年底，河东区耕地面积3.98万公顷，林地面积0.49万公顷。

（三）水资源

截至2011年，河东区平均地表水资源量2.28亿立方米，地下水资源量1.74亿立方米，水资源总量2.78亿立方米，人均占有水资源量541立方米。

五、人口民族

截至2010年，河东区常住人口共66.54万人。河东区境内居住有19个民族。

六、经济概况

（一）综述

2012年，河东区实现生产总值146.92亿元，比2011年增长12%。其中，第一产业增加值10.15亿元，比2011年增长4.1%；第二产业增加值75.8亿元，比2011年增长13.2%；第三产业增加值60.97亿元，比2011年增长12%。全社会固定资产投资107.5亿元，比2011年增长25%。

（二）第一产业

2012年，河东区农林牧渔业实现总产值20.48亿元，比2011年增长4.12%。粮食总产26.25万吨，比2011年增长0.92%；棉花总产0.015万吨，比2011年增长7.14%；油料总产1.52万吨，比2011年减少3.8%；水果总产3.6万吨，比2011年增长

16.13%;蔬菜总产20.96万吨,比2011年增长14.16%。肉类总产2.15万吨,比2011年增长14.16%;禽蛋总产0.99万吨,比2011年增长4.27%;奶类总产0.5万吨,比2011年增长26.77%。2012年,河东区完成造林面积2.2万亩。河东区农机总动力67.45万千瓦,比2011年增长1.47%。

(三)第二产业

2012年,河东区实现工业增加值71.59亿元,比2011年增长20.03%。规模以上(年主营业务收入2000万元以上)工业企业153家,实现增加值69.2亿元,比2011年增长20.03%;实现主营业务收入292.3亿元,比2011年增长42.52%;实现利税16.2亿元,增长66.25%;实现利润11.5亿元,比2011年增长60.03%。资质三级及以上建筑企业25家,完成建筑业总产值106906万元。

(四)第三产业

截至2012年年末,河东区金融机构人民币各项存款余额170.43亿元,比2012年年初增加29.94亿元,其中储蓄存款余额127.25亿元,比2012年增加18.17亿元。人民币各项贷款余额105.4亿元,比2012年增加18.91亿元。

七、社会事业

(一)科技事业

2011年,河东区共取得市级以上各类重要科技成果5项。专利申请量352件,授权专利232件。

(二)教育事业

截至2011年年末,河东区共有中等职业、技工学校5所,在校生6489人。普通高中4所,在校生9275人。初中12所,在校生1.947万人。小学81所,在校生3.857万人。特殊教育学校1所,在校生460人。

（三）文化事业

截至2011年年末，河东区共有各种艺术表演团体10个，群众艺术馆、文化馆1处，公共图书馆1处，档案馆1处。广播、电视人口覆盖率均达到100%。

（四）卫生事业

截至2011年年末，河东区有卫生机构15所，其中，医院1所，卫生院9所，社区卫生服务中心2所，疾病预防控制机构1所，卫生监督机构1所，妇幼保健机构1所。各类卫生机构共有床位1749张，卫生技术人员1999人，其中，执业医师及执业助理医师521人，注册护士523人。

八、交通

河东区东临日照、岚山、连云港三大港口；辖区内临沂机场已与中国各主要城市通航；兖石铁路横穿东西，胶新铁路纵贯河东区南北，205、206、327国道及342省道纵横交错。截至2012年，河东区国道、省道公路通车里程83.513公里，县、乡、村公路通车里程858.13公里。2012年，河东区公路旅客运输量82.9万人次，比2011年增长3.8%。公路货物运输量1873万吨，比2011年增长20%。

九、名优特产

长虹草莓产于河东区刘店子乡，草莓味甘、性凉，具有止咳清热、利咽生津、键脾和胃、滋养补血等功效。

沂州木瓜产于山东省临沂市河东区汤河镇，具有三千多年的历史。沂州木瓜含有17种氨基酸及多种营养元素，常食用能平肝和胃、舒筋活络、软化血管、抗癌防癌，具有解酒功能。

兴梅西瓜产于河东区梅埠镇。从20世纪60年代后期，梅埠镇就种植地方品种大籽西瓜，20世纪80年代初期，开始引进一些新品种，施行西瓜嫁接技术。20世纪90年代后期，梅埠镇兴梅西瓜种植面积达到5000亩。

太平板栗林主要分布在沂河东岸的河堤两侧,总面积3000多亩。太平板栗林大部分树龄在50年以上,最大的有130多年。

潘湖狗肉在河东区潘家湖村生产。有壮元气、安五脏、益气力等功效。

十、风景名胜

汤头温泉位于河东区北部的汤头街道,距济南260公里,青岛295公里,市区20公里,均有高速公路相通,其发现和利用已有2100多年的历史。汤头温泉早期有自然泉口三处,呈三角形分布,相距30—50米。三处自然泉分别为里汤、外汤和癞汤,每天自然流量500吨。该温泉为深浅两层同源地热水。浅层水在地下130米左右,水温70℃。

临沂国际影视城位于河东区太平街道境内的万亩古栗树风情园内,由“南国古城”影视拍摄基地,日本街、巴黎街、伦敦街影视拍摄基地,民国街、文革村影视拍摄基地和浙江村生态大酒店以及中国影视村等景区及配套设施组成。

新四军军部旧址位于河东区九曲街道办事处前河湾村的新四军军部旧址,是新四军历史上最后一个军部驻地,是华东军区、华东野战军诞生地。1946年至1947年,新四军军部设于此,陈毅同夫人张茜及张云逸等老一辈无产阶级革命家住在该村,在此指挥了著名的宿北战役、鲁南战役、临沂阻击战,召开了华野前委扩大会议,并镇压了叛匪郝鹏举。

金刚岭万亩荷花园位于河东区八湖镇驻地西侧,旅游区东西长2.5公里,南北长3.5千米,总面积1万多亩。2005年,荷花园平均亩产鲜藕2000公斤,鱼50公斤,加上堰坡收入,亩产值达6000余元。

青峰岭遗址是一处以中石器时代细石器文化为主的史前居

址。青峰岭遗址于 1982 年 12 月被发现，位于河东重沟镇王、郑田庄村北，东南靠刘田庄，北为养马庄，向东 700 多米有一条沭河支流自西北向东南流过。遗址为红砂土冲积而成的梭形高地，北端偏西，南端偏东。南北长 1150 米，东西宽 500 米，总面积约 57.5 万平方米。

临 沭 县

临沭县位于山东省东南部的鲁苏交界处，隶属于山东省临沂市，因临沭河而得名。全县辖8个镇，2个街道，1个省级经济开发区、1个高新技术产业区和1个省级风景名胜区，63万人口（2011年），总面积1010平方公里。2012年，临沭县全年实现生产总值167.26亿元。

一、历史沿革

西周属鄟、祝等小国辖地。

春秋末期，鄟、祝被鲁灭，归属鲁国。

战国时期，临沭一带被纳入越境，后又归楚。

秦朝时期，临沭北部属琅琊郡莒县，南部属东海郡郯县。

西汉时期，分治于东海、琅琊二郡。

东汉末年，分东海郡，在临沭境内置利城郡，辖郯、利城、祝其等十三县。

三国魏黄初年间（520－525），东部及东南部分治于东海国祝其、利城二县，西部、中部属琅琊国即丘县，南及西南部隶属东海国郯国，北部为城阳郡莒县地。

西晋时，隶属关系与三国魏时基本相同，分治于东海、琅琊、城阳三郡。

东晋时期，在后赵、前燕、前秦政权时，南境属东海郡，北境属琅琊郡；后燕、南燕时，北境属琅琊郡，南部属东晋东海郡。

南北朝时期，刘宋时分治于东海、琅琊两郡；北魏时为琅琊郡即丘县、东海郡郯县分治。东魏、北齐时，全境属北徐州琅琊郡。

隋代大部属琅琊郡临沂县，东部唐岭、蛟龙一带隶于东海郡怀仁县，西南部曹庄、华桥一带为下邳郡郯县辖。

唐初，为沂州琅琊郡和海州东海郡分治。唐武德四年(621)析置临沂县为兰山、临沭、昌乐三县，历史上首次以“临沭”命名置县。六年(623)，临沭县撤销，并入临沂县。八年(625)，利城、祝其二县撤销，并入东海郡怀仁县。开元二十九年(741)，大部属沂州临沂县，西南部曹庄一带属泗州下邳，东部唐岭、蛟龙、芦庄一带为海州怀仁县辖。

宋代，为沂州临沂县辖。金时，为沂州临沂县辖。

元代，属益都路，为沂州临沂县辖。

明朝洪武初年，属山东布政司济宁府沂州，五年(1372)改属济南府沂州，十八年(1385)又改属兖州府沂州。万历十年(1582)，大部属沂州，西南部属郯城县，东及东北部为南京淮安府赣榆县辖。

清代，属山东省沂州府，为郯城、兰山二县分治。

民国时期，先后属济宁道、琅琊道。1936 年，属山东省第三区行政督察专员公署，北部为临沂县第五区，南部为郯城县第五区；后郯五区析置郯六区、郯七区，隶属郯城县政府第二办事处，办事处驻地在今南古镇。

1940 年 1 月，八路军东进支队和山东纵队陇海南进支队解放国民党郯城县政府第二办事处——南古庄，成立抗日民主政权郯东北第一办事处，直属鲁南专署领导。7 月，改称苍马办事处，属鲁南地区第三行署。

1941 年 8 月，临沭县抗日民主政府成立，隶属鲁南专署第四行署，后改属滨海专署。滨海专署驻地大部分时间在今店头镇陈巡会村。

二、行政区划

(一)区划沿革

1949 年中华人民共和国成立后，临沭县政府驻地由流动不定正式驻夏庄(今临沭街道)。

1950 年 5 月,属临沂专署。

1956 年 3 月,临沭县撤销,南部划归郯城县,北部划归莒南县。

1961 年 8 月,恢复临沭县,全县辖曹庄、南古、石门、店头、大兴、观堂、白旄、韩村、夏庄、蛟龙、朱仓 11 处人民公社,561 个大队,2863 个生产队。

1971 年 4 月,国务院对石梁河库区区划作调整,将蛟龙、观堂两公社的 26 个村庄划归江苏省东海、赣榆两县。

1984 年 5 月,临沭县人民公社改为乡、镇,全县设临沭、石门、曹庄、南古、韩村、蛟龙 6 个镇,郑山、白旄、东盘、朱仓、唐岭、芦庄、前庄、官庄、周庄、古龙岗、青云、华桥、醋庄 13 个乡。

2001 年 1 月,临沭县乡镇区划调整,将原有的 20 个乡镇调整为 11 个镇和 1 个乡。其中,朱仓乡与东盘乡合并为朱仓乡、临沭镇与周庄镇合并为临沭镇、青云乡与韩村镇合并更名为青云镇(驻地原韩村镇)、南古镇与醋庄乡合并为南古镇、曹庄镇与华桥乡合并为曹庄镇、石门镇与前庄镇合并为石门镇、店头镇与官庄乡合并为店头镇、大兴镇与古龙岗乡合并为大兴镇。全县辖临沭、蛟龙、大兴、石门、店头、曹庄、南古、郑山、白旄、青云、玉山 11 个镇和朱仓乡,共 55 个居委会,498 个村委会,537 个自然村。

2004 年,县内对村、居一级行政村合并调整,共设 40 个居委会、260 个村委会,村、居合计 300 个,比合并前减少行政村居 253 个。

2008 年 3 月,临沭县对经济开发区行政区划进行调整,将临沭镇、郑山镇、南古镇的 10 个村划归县经济开发区,临沭县辖 11 个镇、1 个乡、1 个经济开发区。

2009 年 10 月,撤销临沭镇、郑山镇,设立临沭街道办事处、郑山街道办事处。全县设 2 个街道办事处、9 个镇、1 个乡、1 个经济开发区。

2011年8月，经省政府批准，临沭县行政区划调整。原玉山镇撤销并入朱仓乡，朱仓乡改称玉山镇；撤销南古镇，其沭河以西醋庄前村、醋庄后村、玉河村、友谊村、贺城村、凤凰墩村、栗行村、于沟渊村8个行政村划归临沂市经济开发区，沭河以东8个行政村划归郑山街道；曹庄镇南庄子村、张贺城回族社区、王贺城村、彭古庄村、黄贺城村5个行政村划归临沂市经济开发区。临沭县辖临沭、郑山2个街道办事处、蛟龙、石门、曹庄、青云、大兴、白旄、玉山、店头8个镇和1个经济开发区，共有49个居委会，238个行政村。2011年8月12日，临沭县南古镇区划调整工作会议召开，南古镇沭河以西隶属南古镇的8个村街划归临沂市经济开发区梅家埠街道管理，沭河以东的8个村街划归郑山街道管理。玉山镇和朱仓乡合并，定名玉山镇，驻地设在朱仓。

2012年7月，临沭县内区划调整，将苍马山景区范围内临沭街道山西村（含凌山头、王山头、东朱车、西朱车4个自然村）、苍隆居（含庙南、庙北、庙西、庙东4个自然村）、山里村（含山里北、山里南、戴家河3个自然村），玉山镇月庄村（含东月庄、西月庄、北月庄3个自然村），蛟龙镇西盘村（含西盘东村、西盘西村2个自然村），青云镇曹界前村（含曹界前、朝阳村2个自然村）、李界前村共7个行政村，19个自然村划归苍马山风景旅游区管理。

（二）区划详情

截至2012年，临沭县辖2个街道：临沭街道、郑山街道。8个镇：蛟龙镇、大兴镇、石门镇、曹庄镇、白旄镇、青云镇、玉山镇、店头镇。共有49个社区，292个行政村。

三、人口民族

（一）人口

2011年年末，临沭县总人口为633718人，人口密度为640人/

平方公里。人口出生率、死亡率、自然增长率分别为9.03‰、5.06‰、3.97‰。

(二)民族

2011年,临沭县除汉族外,有回族、满族、哈尼族、彝族、蒙古族、傈僳族、苗族、朝鲜族等少数民族32个,少数民族人口不足全县人口的1%。

四、地理环境

(一)位置境域

临沭县位于山东省最东南部的苏鲁交界处,因濒临沭河而得名。总面积1010平方公里(2013年),东、南分别与江苏省赣榆、东海两县交界,西、西南与河东区、郯城县相连,北与莒南县接壤,距临沂市经济技术开发区不足10公里。

(二)地形

临沭县地势北高南低,东高西洼,县境东部和北部为低山丘陵,西部沭河沿岸为冲积小平原,海拔高度均在60—400米之间,全县大小山峰44座,最高海拔394.70米。山地占土地总面积的3.82%,丘陵占72.82%,平原占23.36%。

(三)气候

临沭县境属于暖温带季风区半湿润大陆气候,寒暑交替,四季分明。春季温暖,光照充足;夏季湿热,雨量充沛;秋季清爽,气候宜人;冬季较冷,雨雪稀少。历年平均气温13℃。年均降水量852毫米。年平均日照2558.3小时。平均相对湿度为70%。

五、自然资源

(一)矿产资源

临沭县矿产资源丰富,主要有重晶石、金刚石、大理石、石英石、金红石、云母、陶土、黏土页岩、优质矿泉水等20余种,其中金红石、陶土、黏土页岩储量十分丰富,质量非常好,具有很高的开采利用价值，闻名全国的“常林钻石”(158.7860 克拉，出土时中国最大、世界第二)就出土在临沭县曹庄镇常林村，享有“钻石之乡”的美誉。

(二)土地资源

2012 年，临沭全县土地总面积 10.10 万公顷，其中耕地 6.58 万公顷，林地 2.43 万公顷。丘陵、山地盛产花生、地瓜，又是林、果、茶、烟的主要产区；沭河冲积平原土层深厚，土质肥沃，得水之利，是小麦、玉米、蔬菜、杞柳生产基地。

(三)水资源

2012 年，临沭县地表水多年平均径流量 3.19 亿立方米，可利用水量全年平均 1.57 亿立方米；过境客水量沭河年平均 11.22 亿立方米，分沂入沭水道 0.93 亿立方米，自黄白沟流入 500 万立方米，自青云拦河坝引入 1.0 亿立方米，总计 13.2 亿立方米。地下水多年平均总储量 1.91 亿立方米，其中静储量 1.43 亿立方米，可开采量为 0.5 亿立方米。

六、经济概况

(一)综述

2012 年，临沭县全年实现生产总值 167.26 亿元，按可比价比 2011 年增长 12%。其中，第一产业增加值 16.98 亿元，比 2011 年增长 4.3%；第二产业增加值 86.22 亿元，比 2011 年增长 11.7%；第三产业增加值 64.06 亿元，比 2011 年增长 14.5%。三次产业增加值比例调整为 10.2∶51.5∶38.3。第三产业对经济发展的作用突出。三次产业对经济增长的贡献率分别为 4.3%、46.4% 和 49.3%，分别拉动经济增长 0.5、5.6 和 5.9 个百分点。

(二)第一产业

2012 年，临沭县农林牧渔业完成增加值 169772 万元，比 2011 年增长 4.32%。其中，农业增加值 94332 万元，比 2011 年增长

2.98%；林业增加值20389万元，比2011年增长10.64%；牧业增加值45050万元，比2011年增长4.1%；渔业增加值4491万元，比2011年增长11.91%；农林牧渔服务业增加值5510万元，比2011年增长1.17%。

2012年，临沭县粮食总产量31.44万吨。油料、蔬菜等主要经济作物产量继续增加。花生总产17.98万吨，比2011年增长3.45%；水果总产0.84万吨，比2011年下降20.44%；蔬菜总产13.49万吨，比2011年增长1.73%；烤烟产量0.16万吨，比2011年增长110.27%。

2012年，临沭县全县生猪存栏29.17万头，家禽存栏582.66万只，比2011年分别增长0.2%和21.44%。2012年，全年生猪累计出栏46.02万头，比2011年增长0.4%；家禽出栏893.63万只，比2011年增长12.34%。肉类总产量5.27万吨，比2011年增长5.82%；禽蛋产量3.33万吨，比2011年增长14.04%；奶类产量0.52万吨，比2011年下降27.78%。

2012年，临沭县全县新造林1741公顷。其中：用材林155公顷，经济林820公顷，防护林766公顷。

2012年，临沭县全县水产品总产量达5520吨。

（三）第二产业

2012年，临沭县全县共有工业企业677家，其中规模以上工业企业185家。全县全年共实现工业增加值99亿元，比2011年增长18.4%，其中规模以上工业实现增加值94.85亿元，比2011年增长18.7%。全县规模以上工业实现主营业务收入413.9亿元，比2011年增长20.9%；利税23.8亿元，比2011年增长21.1%，其中，利润19.5亿元，比2011年增长20.6%。利税过千万元企业28家，比2011年增加6家；利税过亿元企业3家。

六大支柱行业完成主营业务收入352亿元，比2011年同比增长 21.1 %。其中，农副产品加工类、草柳制品类、复合肥料类、专用化学用品类、钢压延加工类、专用设备制造类分别实现 16.6 亿元、10.9 亿元、186.4 亿元、37.2 亿元、49.2 亿元、51.7 亿元，比 2011 年分别增长 18.2%、8.7%、30.2%、8%、16.8%、12.2%。骨干企业发展迅速。2012 年全年主营业务收入过亿元企业达到 56 家，共实现收入 366.5 亿元，比 2011 年增长 21.9%。其中，山东金正大生态工程股份公司实现主营业务收入 103.7 亿元，成为全县首家过百亿元企业。

2012 年，临沭县高新技术产业产值占规模以上工业产值比重为 29.6%，比 2011 年提高 1.2 个百分点。

2012 年，临沭县全县有资质等级的建筑施工企业 18 家，2012 年签订合同额达 15.4 亿元，比 2011 年同比增长 26.2%；完成建筑业总产值 10.9 亿元，比 2011 年增长 16.9%。房屋建筑施工面积 13.8 万平方米，比 2011 年增长 12.8%。

（四）第三产业

2012 年，临沭县第三产业增加值 64.06 亿元，比 2011 年增长 14.5%，达到国家 AA 级以上旅游区 5 家，其中 AAA 级旅游区 2 家；旅行社 4 家；星级酒店 1 家；星级餐馆 1 家。

七、交通运输

（一）公路

改造后的 327 国道、225 省道纵横交叉通过临沭县县城，连临高速贯穿其中，京沪高速公路距县城也只有 35 公里，即将建设津汕、枣岚高速境内交叉穿过。

（二）水运

临沭县百公里内有三个大港口：日照港、岚山港、连云港港。

（三）航运

临沭县百公里内有两个机场：连云港白塔埠机场、临沂机场。

八、社会事业

(一)科技

2012年,临沭县共鉴定各级科技成果51项,其中省市级17项。获得市级以上各类科学技术奖28项,其中,国家科技进步奖1项,全国石化科技进步奖1项,省科技进步奖2项,省专利奖2项,市技术发明奖5项,市科技进步奖6项,市专利奖10项,1人获得临沂市科学技术最高奖。新增国家国际科技合作基地1家,省国际合作研究中心1家,院士工作站1家,临沂市工程技术研究中心2家。认定市级农业科技示范园2个,县级农业科技示范园13个。全县共申请专利252件,授权224件。中国专利山东明星企业达14家,其中一星级企业3家,二星级企业4家,三星级企业7家。

(二)教育

2012年,临沭县全县共有中等职业学校1所,当年招生2546人,在校生7451人。高级中学3所,当年招生4263人,全部在校生12517人。初级中学20所,当年招生7451人,全部在校生23577人。小学84所,当年招生7703人,全部在校生45143人。特教学校2所,在校生180人。幼儿园142所,当年招生7963人,全部在校生20162人。小学适龄儿童入学率、巩固率达100%,初中入学率达99.97%。残疾儿童入学率达96.8%、巩固率达100%。完成全县农村小学100兆光纤升级改造,农村教学点采用ADSL方式接入教育城域网。全县中小学校舍安全工程项目16个,建筑总面积27358平方米,规划总投资2736万元;标准化幼儿园新建项目18个。全年共拨付义务教育学校保障经费5051万元,减免农村义务教育阶段课本费644万元,发放农村义务教育阶段家庭经济困难寄宿生生活费补助182万元,发放高中助学金181万元,为1146名大学生办理助学贷款645万元。

（三）文体

2012年，临沭县共有文化馆1座，公共图书馆1座，图书藏量17.5万册，建成县图书馆青云分馆。已新建或提升改造文化大院50家，提升改造农家书屋43家，全县共建有镇街综合文化站10处，村级文化大院245处，文化广场27处，农家书屋实现全覆盖。举办第十一届“钻石之乡”广场文化艺术节、农民文化艺术节等100多场系列文化活动。广播电视村村通入户率达到77%，无线广播电台1座，广播覆盖率98%，电视转播台1座，电视覆盖率98%。数字电视平移工作基本完成。

2012年，临沭县先后启动“全民健身日”“全民健身月”等活动，组织开展临沭县第二届全民健身运动会、全县中学生三人篮球比赛、全县小学生乒乓球联赛等。市五运会象棋比赛在临沭举行。组队参加市五运会少年儿童组和普通组的比赛，取得蝉联少儿组总分第一名、金牌数量跃升到第二名和普通组总分第七名，其中田径团体第一名的参赛最好成绩，并荣获大会组委会颁发的体育道德风尚奖、优秀赛区等荣誉称号。加大乡村两级的投入力度，改善农村体育基础设施，已建成具备健身场所的综合文体站10个，镇街健身广场9处。

（四）卫生

2012年，临沭县共有卫生机构19个，其中医院2个，妇幼保健院1个，卫生院12个，专科防治所（站）2个，疾病预防控制中心1个，卫生监督机构1个。卫生机构拥有病床1696张，各类卫生技术人员1509人，其中执业医师496人，执业（助理）医师647人，注册护士353人。县人民医院成功创建3处省级优质护理服务示范病房，并顺利通过二甲医院复审。政府办乡镇卫生院建设达标率88.8%，社区卫生服务中心建设达标率100%，村卫生室建设达标率83.7%。

（五）社会保障

2012 年，临沭县全年职工养老保险、医疗保险、失业保险、农村养老保险参保人数分别达到 67304 人、109662 人、30425 人和 346490 人。

九、旅游资源

（一）利城遗址

利城遗址位于县城东 15 公里之后利城村东 200 米处。遗址南北 200 米，东西 100 米，略高于四周，呈现鏊面状，土黄褐色。遗址地面有汉代砖瓦及商周时的陶片。遗址东及东南半公里处各有汉墓 1 座，后皆平掉种地。平墓时出土铁剑 1 把，铜镜 1 面。遗址西南 1 公里的岭上有汉代墓群，东南江苏境内有古城遗址。该遗址为汉代遗址，属县级文物保护单位。

（二）北沟头遗址

北沟头遗址属省重点文物保护单位。位于县城西北 3 公里处的沟头村东北。重点保护区占地百余亩。遗址有一条长 80 米、宽 60 米、高 7.5 米的平顶土台。历年出土文物有石斧、石铲、石凿、石锛等石器，灰陶鼎、黑陶壶、蛋壳陶杯等陶器，鹿角、骨针、骨镞、铜币、铜箭头以及汉代砖瓦等。

（三）沭河生态风光旅游景区

沭河，位于县境西部平原，发源于沂山山脉。境内沭河以其景观特色，分为上中下三段，上游以古明清时几百万株古栗树形成著名的“沭河栗海”；中游，得力于解放初期党和人民政府的“导沂入沭”“沭水东调”工程，几十里浩瀚水面，壮丽的水利枢纽工程，被誉为鲁东南“沭河都江 堰”；下游，即沭河古道，因沭水东调开挖新河相对得名。

（四）苍马山旅游区

苍马山风景名胜区位于临沭县城东北 3 公里处，属马陵山系。

景区由苍马、马山、草山、冠山、演武山组成，总面积 30 平方公里。境内松青、草绿、水蓝、云翠，历史文化传说甚多，是从古至今在鲁南苏北，乃至全国具有较高知名度的道教圣地。

整个景区由云溪谷、欢乐谷、茶溪谷、革命历史教育红色文化景区、蓝钻度假小球训练区、民俗民风生态农业观光区等六大板块组成，景区将与泰山、趵突泉、孔庙、崂山、蓬莱阁等知名景点互为支点，形成山东旅游大环线。

（五）刘少奇在山东纪念馆

1942 年年初，刘少奇奉党中央毛泽东之命，在自苏北阜宁新四军军部回延安途中，到山东分局指导工作，于 是年 3 月 20 日到达中共中央山东分局，省战会，八路军一一五师机关所在地临沭县。先后在县内蛟龙湾朱范村、东盘、夏庄等地进行调查研究，找准问题存在的主要原因，指明了山东党政军工作的前进方向，对扭转山东危局，为山东抗日对敌工作做出了重大贡献。老区人民为缅怀领袖之光辉业绩，刘少奇在山东住处修建一座纪念馆及大型群雕和广场等纪念设施，以昭示后人。同时，整修了八路军一一五师师部旧址。

（六）中国红石地质园

临沭石门镇西南部沭河古道边的岱涧地区至蛟龙湖一带，分布着国内独有、世界罕见的红石砾岩地质景观带，客观形象地反映了白垩纪地质恐龙时代的景观风貌和原始状态，总面积达 150 平方公里。尤以小岱涧“母祷望”为代表的砾岩红石景观群形成的“女娲补天”“王母仙会”“二郎赶山”等神话传说可谓神乎其神，自古就有“置身桃源画图里，静心岱涧自成仙”之说。

十、地方特产

（一）太子参

临沭县种植太子参已有 80 年历史，现全县已发展 3 万余亩，年产太子参80万公斤，占全国总产量的70%左右。

太子参既可入药有补肺气，健脾胃、生津液等功效，还能治肺气喘咳、儿童虚汗等病，又是高级滋补品。

（二）常林钻石

临沭县西南部与郯城县东北部接壤的石羊岭、金鸡岭一带，这里的金刚石主要为零星分散的砂矿，无集中矿床，金刚石裸露地面，晶莹透亮、光彩夺目。

（三）柳编制品

临沭县种植加工柳条已有600多年的历史，被国家林业局、中国经济林协会命名为“中国名优经济林杞柳之乡”。全县有柳编加工企业100多家，涌现出荣华、全记、祥兴、美艺、金柳、宝仑、佳美、禾川、青源、陆祥等规模以上条柳编龙头企业15家，有自营出品权的条柳编企业40余家。全县已开发出白柳一号、新二柳、大红头、一支笔、金钱柳等6种品种，推广种植面积达10万多亩，带动3万农户、10万人从事柳编加工。现有柳编工艺20多个系列上万个花色品种，产品畅销欧、亚、非、美等100多个国家和地区，年销售收入5亿元。2003年，自营出口创汇5306万美元，占全县出口商品总额的67.3%。

郯 城 县

郯城，隶属于山东省临沂市，地处山东省最南端；地理坐标为北纬 34°22′—34°56′，东经 118°05′—118°31′。东临江苏东海；西邻江苏邳州；南与江苏新沂交界；北与罗庄接壤；东北毗邻临沭，西北毗邻兰陵。

早在商代，少昊氏后裔即于此建立郯国，郯城是“东夷”集团中最大的方国徐国之都，是古徐州和徐国文化的源头，亦是徐姓的祖陵和发迹之地。

截至 2010 年，郯城县总面积 1189 平方千米，下辖 1 个街道 9 个镇 3 个乡，总人口 92 万人。2012 年，郯城县地区生产总值达到 214.84 亿元。

一、建置沿革

郯城建置，始于郯国。其建成公元前 11 世纪。

战国时期，周威烈王八年（前 418），郯国为越所灭，其境入越。

周显王十四年（前 355），楚灭越后，其地又归楚。直至秦统一六国，郯国之名不复存在。

秦行郡县制。境地先属薛郡后为东海郡且郡治所在地，并在楚汉间有一短暂时期亦称郯郡。属秦末增置十郡之一。其辖境北近临沂，南至长江以北的扬州、秦州，东濒东海，西南到洪泽湖一带，为本县建置盛期之一。

汉承秦制。郯为县、郡和徐州刺史部治所。

王莽代汉，东海郡地一度成沂平郡。

魏晋南北朝时期，本县建置更趋复杂。先是三国魏黄初年间

(220—226),东海郡称东海国,郯县隶属关系仍旧。但,徐州刺史部治所,自郯移设彭城(今江苏徐州)。晋初,复称东海郡,郯县属之。晋惠帝时,又改称东海国。

隋,改郡为州。开皇初,郯郡废,郯县隶泗州。大业三年(607),又改州为郡,泗州改称下邳郡,郯县又隶下邳。

唐,武德元年(618),又行州县。武德四年(621),郯县属泗州。贞观元年(627),省入下邳,称郯城乡。"郯城"作为政区名,始见于此。元和年间(806—820),复置县时,遂以乡名为县名,称郯城县。而后又省入临沂县,仍称郯城,隶属河南道沂州。

郯城县自唐后期省入临沂县,历经五代十国、宋、金直至元前期,未再复县,其县原治所称"郯城"。在此长约500年的时期内,境域所属,随临沂县而易。

元末,郯城县复置。

明代,郯城县隶山东布政司兖州府沂州。下辖政区为4乡45社。

清朝雍正二年(1724),兖州府之沂州划归直隶州。十二年(1734),升沂州为府,郯城县隶沂州府。其下辖政区,清前期为4乡32社;中后期为4乡45社。

1913年,裁府置道,郯城县隶济宁道,下辖5区48保。1925年,山东省由四道改为十一道,郯城县属琅琊道,辖区依旧。1928年,道废,郯城县直属山东省政府,其辖区改为5区44乡。1936年,郯城县隶属山东省第三区行政督察专员公署,辖区更为7区45乡。翌年,其辖区又为5区45乡。

1938年春,日本侵略军侵占郯城。1939年11月,八路军一一五师解放郯西之马头镇。1940年1月,又攻克郯城。与此同时,郯城县抗日民主政府成立,隶属鲁南行政专员公署。同年10月底,郯城复为日军侵占。1941年2月,由于形势变化,县政府撤销。

1942 年 4 月，马陵办事处（县级政权）建立，隶滨海专署。

1943 年，郯城大捷后，马陵办事处改称郯城县人民政府，隶属关系未变。同年 10 月，县政府隶属滨海专署二行署。此间 1941—1944 年，根据斗争形势需要，在郯城县东部及西部增置了临沭、赵镈（苍山）二县。

1945 年 4 月，郯城县人民政府隶属滨海行署二专署，下辖 10 个区 2 个镇。

1947 年 2 月，郯城县为国民党占领，人民政府政区同 1945 年，国民党政府政区按民国初年设置，后改为 23 个乡 2 个镇。

1948 年 11 月 8 日，郯城县全境解放，隶属鲁中南行署第六专署。1950 年 5 月隶属临沂专区公署。1956 年 1 月，郯城县人民政府改称郯城县人民委员会。1968 年 2 月，又改名为郯城县革命委员会。1981 年 6 月，复名为郯城县人民政府，隶属临沂地区行政公署。

1994 年 12 月，隶属临沂市。

二、行政区划

1994 年 11 月 10 日，撤销杨集乡、黄山乡，设立杨集镇、黄山镇。

1995 年 12 月 18 日，撤销高峰头、庙山乡，设立高峰头镇、庙山镇。

1996 年 7 月 3 日，撤销港上乡、沙墩乡，设立港上镇、沙墩镇（鲁政函民字〔1996〕32 号）。

1997 年 6 月 4 日，司家乡更名为清泉乡（鲁政函民字〔1997〕25 号）。

2000 年，郯城县辖 11 个镇、11 个乡。

2000 年 12 月 29 日，撤销十里乡、归义乡，将其并入郯城镇；撤销大尚庄乡，将其行政区域并入红花乡；撤销清泉乡，将其并入泉源乡；撤销高册乡，将其并入马头镇。即郯城县由 11 个镇、11 个乡调整为11个镇、6个乡:郯城镇(归义乡、十里乡)、马头镇(高册乡)、重坊镇、李庄镇、褚墩镇、杨集镇、高峰头镇、庙山镇、黄山镇、港上镇、沙墩镇、胜利乡、新村乡、花园乡、红花乡(大尚庄乡)、泉源乡(清泉乡)、归昌乡。(括号内的为被撤并的乡镇)

2011年3月,原辖褚墩镇、黄山镇划归临沂市罗庄区管辖。

2011年8月,撤销李庄镇、沙墩镇,合并成立新李庄镇。

2011年8月,撤销新村乡,设立新村银杏产业开发区;经过乡镇整改合并后,郯城县辖1个街道(郯城街道)、9个镇(马头镇、李庄镇、重坊镇、杨集镇、庙山镇、港上镇、胜利镇、高峰头镇、红花镇)、3个乡(花园乡、归昌乡、泉源乡)、2个开发区(郯城经济开发区、新村银杏产业开发区)。

三、地理环境

(一)位置境域

郯城县地理坐标为北纬34°22′—34°56′,东经118°05′—118°31′。南与江苏省新沂交界;西南邻邳州市;东临连云港市;北与罗庄、临沭、兰陵三地接壤域。境内南北长约65公里,东西宽32公里,总面积1195平方公里约占全省面积的0.76%,其中平原面积1123.6平方公里,占郯城县总面积的86%;山丘面积183.4平方公里,占总面积的14%。郯城县水面有130.4平方公里,占总面积的10%。

(二)地质

郯城县地处沂蒙山南麓,当沂沭河断裂带南延部分。断裂带东侧两条断裂:昌邑—大店断裂、安丘—莒南断裂,均较清晰明显;西侧两条断裂:唐部—葛沟断裂、沂水—汤头断裂,则隐伏于第四系覆盖层下,并向西南延伸。这四条断裂走向基本平行通过县境,构成大型北北东向构造带。这一构造带晚期新构造活动中又被北西西向断裂所切错,致使区域地质更趋复杂。

（三）地貌

郯城县地处鲁中南低山丘陵南部、临郯苍平原腹心地带，地势北高南低，地面平均比降为二千五百分之一，海拔26—58米。山区面积183.3平方公里，占郯城县总面积的14.1%，主要分布于东部马陵山一带，其次是西北部零星残孤山丘。

（四）河流

境内河流属淮河流域沂河、沭河、中运河水系，流向多为自北向南，均为季节性河流，郯城县主要河道45条，全长620.7公里。沂河、沭河纵贯县境，为过境主要河道。其次还有分沂入沭水道、五里河、新涑河、武河、武河行洪道等；苏鲁边界出境河道有老墨河、白马河、沙沟河、浪清河、郯新河、柳沟河、黄墩河、黄泥沟等。基本具备承接客水、排泄内涝的功能。

（五）气候

县境属暖温带季风区，四季分明，雨热同季。依照气候学上之物候现象和气温变化划分四季，各季不等长。冬季最长153天，夏季次之92天，秋季最短57天，春季为63天。冬季寒冷少雨，为半干旱气候，夏季炎热多雨，为湿润性气候，春秋季为温暖宜人的半湿润气候。但随着地球大气趋于变暖和污染加剧，县内气温增高，降水减少，日照率降低。年平均气温一般在13.1℃—13.7℃之间，南部高于北部，气温的变化明显。县内降水量的特点是南部多于北部，中部最少。

四、自然资源

（一）土地资源

据1999年调查统计，郯城县土地总面积为196.8万亩，其中农用地面积139.3万亩，占郯城县土地总面积的71%。在农用地中，耕地面积120.2万亩，人均1.4亩，园地面积12.0万亩，人均占有0.08亩。非农用地面积57.5万亩，占郯城县土地总面积的29%。

（二）水资源

境内水资源丰富。降水为地表水的主要来源，年降水量比较充沛集中。汛期易发生洪涝，而春秋又常出现干旱天气。河川径流量季节变化大，过境水的利用量较小。地下水资源比较丰富，富集程度很不均匀。

（三）矿产资源

郯城县因其在大地构造上的特殊地位，地层比较齐全，构造十分复杂，拥有得天独厚的成矿条件，矿产资源丰富。据资料统计，金属矿有铁矿，非金属矿有煤、金刚石、重晶石、石灰岩、建筑黄沙、建筑石材等。

铁矿：境内铁矿主要集中在县境中部十里乡小埠岭一带，故名"小埠岭铁矿"。截至2010年，该矿C级储量为162.8万吨，开采品位平均50%，最高可达64%。另有东北方向距该矿1公里处的马屯矿区，储量为18.5万吨。上述两区内矿石皆属自熔型磁铁矿，具有品位高、熔点低、有害成分少、水文地质条件简单、埋藏浅、易开采等优点。

金刚石：为境内代表矿种之一。截至2013年年底，中国已发现的四颗特大金刚石中，有两颗出自郯城县境内。一颗是1981年8月在县内金刚石矿所发现，重124.27克拉，在四大钻石中位居第三，取名"陈埠2号"；另一颗是1937年秋天在李庄镇金鸡岭发现，重281.25克拉，为中国钻石之最，比位居第二的"常林钻石"几乎重一倍。

（四）生物资源

境内生物资源丰富，除人工栽培植物和人工饲养的动物外，野生生物资源种类繁多，且有较强的适应性。

动物：截至2010年，县境内动物有600余种，主要有鱼类、爬行类、鸟类、兽类和昆虫类。随着人口的增长,农药的大量使用以及无计划的捕杀,野生动物日渐减少,有的已经绝迹或接近绝迹。

植物:县内植物种类繁多。截至 2010 年,郯城县高等植物有 121 科 764 种,其中野生植物 89 科 660 种,栽培植物 104 种。各类植物中,林木树种中以杨、柳、槐多见,银杏、板栗最具代表性;药材有毛茛等百余种。小麦、水稻、玉米则为境内主要栽培植物。

(五)药材资源

境内中药材资源丰富,截至 2010 年,境内出产中药材 300 余种,以植物性药材为多,动物性药材和矿物性药材种类不多,产量也较小。

植物性药材:羊蹄(土大黄)、天门冬、太子参、牛膝、白芷、何首乌、地榆、防风、黄芩、葛根、山药、百部、百合、半夏、香附、茅根、元胡、杜仲、远志、枣仁、柏子仁、芫条花、柴胡、丹参、桔梗、苍耳、茵陈、鹅不食草、瓜蒌、菟丝子、紫苏、薏芯仁等。

动物性药材:土元、地龙、金蝎、刺猬皮、桑螵蛸、蝉蜕、蜂房、夜明砂、蛇蜕、僵蚕等。

矿物性药材:云母、钟乳石、朱砂、代赤者石、磁石、青蒙石等。

五、人口民族

(一)人口

1959 年,郯城县总人口即达 47.93 万人;1969 年,郯城县总人口为 63.16 万人;1979 年,郯城县总人口增至 74.86 万人;1989 年,郯城县总人口更达 85.09 万人;1999 年,郯城县总人口已达 96.45 万人。中华人民共和国成立 50 年,本县净增人口 55.09 万人,净增率达 136.5%。此人口数字为中华人民共和国成立前 186 年间所增人口的 16.8 倍。若以 1953 年第一次人口普查数字 338770 人计算,郯城县 1953—1999 年 46 年间,净增人口 57.58 万人,净增率 148.1%,为中华人民共和国成立前 186 年间所增人口的 17.2 倍。

2010 年,郯城县总人口 92 万人。2011 年,郯城县总人口 92.7 万人。人口分布密度:从空间分布看,与山河相间之地貌特点一致,呈随山河走向疏密分布之特点。马陵山绵延东境南北 60 余公里,约占郯城县总面积 12%,此山区为县内人口密度最小地区,沂沭河川流县地腹心 40—60 公里不等,其干流两岸 1 公里之内为县人口最为稠密区,山河之间或两河之间涝洼地区,其人口密度介于二者之间。从性别构成比来看,郯城县男女性别比为 106.19∶100。

2012 年年末,郯城县总户数 25.9 万户,总人口 94.1 万人,非农业人口 23.3 万人,男性 48.5 万人,女性 45.6 万人,男女性别比为 106.4∶100。出生人口 9733 人,其中男性 5328 人,女性 4405 人,人口自然增长率 6.15‰。

(二)民族

1964 年第二次人口普查,汉族 548233 人,占总人口的 99.52%;回族 2648 人,占 0.48%;其他有壮族 6 人,朝鲜族 4 人,满族 2 人,哈尼族 1 人。

1982 年第三次人口普查,汉族 764884 人,占总人口的 99.54%,比 1964 年普查增长 39.40%,年均增长 1.86%;回族 3481 人,占 0.45%,比上次普查增加 31.46%,年均增长 1.53%;其他民族为满族 13 人、壮族 5 人、朝鲜族 4 人、蒙古族 1 人。

1990 年第四次人口普查,郯城县有 17 个民族。其中,汉族 871079 人,占 99.52%;比 1982 年普查增长 13.88%;回族 4094 人,占 0.46%,比 1982 年普查增长 16%;其他民族为蒙古族 7 人,朝鲜族 3 人、苗族 11 人、藏族 2 人、彝族 10 人、壮族 7 人、布依族 4 人、满族 22 人,侗族 1 人、瑶族 2 人,白族 2 人,哈尼族 3 人,傣族 1 人,傈僳族 1 人,土族 1 人。

2011 年，郯城县汉族占 99.54%；回族占 0.45%；其他民族有满族、壮族、朝鲜族、蒙古族。

六、经济概况

（一）综述

郯城经济以农业为主，盛产小麦、玉米、水稻等，是全国商品粮生产基地县，瘦肉猪生产基地县，是银杏、板栗、琅琊草、葱蒜姜椒等优质基地。郯城县为全国四大银杏产区之一，有“天下银杏第一县”的美誉。县内定植银杏 700 万株，其中百年以上大树 2.8 万株，年产银杏 200 万公斤，银杏生产已成为郯城县经济的支柱产业。工业已形成了包括化工、造纸、机械、煤炭、建材、纺织、食品、印刷等行业的生产体系。

2010 年，郯城县生产总值达到 190.4 亿元，与 2009 年相比增长 13%，其中一产增加值 23.9 亿元，增长 3.6%；二产增加值 92.5 亿元，增长 13%；三产增加值 74.7 亿元，增长 15.2%；三次产业比例调整到 12.2∶48.6∶39.2。规模以上工业总产值达到 370.5 亿元，同比增长 25.05%，实现增加值 82.8 亿元，同比增长 16.6%；固定资产投资达到 84.8 亿元，同比增长 24.6 %；地方财政收入 5.63 亿元，同比增长 16.1%；社会消费品零售总额 68.3 亿元，同比增长 19.1%；城镇居民人均可支配收入 15855 元，同比增长 11.9%；农民人均纯收入达到 6708 元，同比增长 14.9%。

2012 年，郯城县地区生产总值达到 214.84 亿元，与 2011 年相比增长 11.5%。其中，一产增加值 23.52 亿元，增长 4.3%；二产增加值 100.74 亿元，增长 9.5%；三产增加值 90.58 亿元，增长 15.9%；三次产业比例调整到 10.9∶46.9∶42.2。规模以上工业实现增加值 75.2 亿元，同比增长 18.7%；规模以上固定资产投资达到 109.4 亿元，同比增长 22.8 %；地方财政收入 6.39 亿元，同比增长 18.6%；社会消费品零售总额 88.8 亿元，同比增长

14.8%;城镇居民人均可支配收入21096元,同比增长16%;农民人均纯收入达到9069元,同比增长13.85%。

(二)农业

2005年,郯城县粮食总产61.92万吨,同比增长23.5%,被评为"全国粮食生产先进县"。新增银杏绿化覆盖面积6万亩、杞柳5000亩、琅琊草2000亩,无公害蔬菜12万亩。农业产业化步伐不断加快。农村专业合作组织发展到523家,农业龙头企业248家,其中省、市级农业产业化重点龙头企业分别达到2家和12家。各项支农政策全面落实。降低农业税2个百分点,农民减负2437万元。发放粮食直补资金和良种、农机具购置补贴1526万元。实施"百万农户致富"工程,发放贴息贷款1.46亿元,扶持致富项目7.4万个。

2012年,郯城县粮食总产量76.1万吨,单产515.5公斤,第8次被评为"全国粮食生产先进县";全年畜牧业发展良好,猪存栏35.8万头,出栏51.5万头,肉类产量达到5万吨。

(三)工业

2005年,全年规模以上工业企业实现工业总产值90.3亿元,同比增长71.7%;利税11.49亿元,同比增长82.52%;税收2.8亿元,同比增长36%;完成工业总投入26.7亿元,新上投资过500万元的项目126个,其中过亿元的7个;有5家企业实现税收过千万元,其中恒通化工1.53亿元;郯城县工业产值利税率达12.7%,高出全市5个百分点,万元GDP能耗降低6.2个百分点。累计投入7440万元,其中财政资金750万元。新发展省级高新技术企业2家,高新技术产业产值占规模以上企业产值比重达到24.8%,提高了13个百分点。郯城县新增省级名牌产品和著名商标3个、总数达到8个,有60家企业通过山东省QS质量安全认证,20家企业通过了ISO 9000质量体系认证。德兴食品公司标准化示范项目通过国家级验收。顺利完成了县纸板厂、黄山煤矿改制工作。

2012 年，郯城县规模以上工业企业(年主营业务收入 2000 万元及以上的工业法人企业)244 家，亏损企业 2 家。工业总产值 377 亿元，同比增长 19.1%，其中轻工业 173 家，实现产值 245.3 亿元，同比增长 18.6%；重工业 71 家，实现产值 131.2 亿元，同比增长 19.8%。规模以上工业实现增加值 75.2 亿元，同比增长 18.7%。规模以上工业实现主营业务收入 383.4 亿元，同比增长 18.1%；工业耗电量 13.33 亿千瓦时，同比增长 27.8%。高新企业比重上升，全年高新技术产业产值达 88.1 亿元，占规模工业企业生产总值比重 23.37%，同比提高 0.95 个百分点。新凯电子被评为“国家高新技术企业”，仁和制药、博士乐液压被评为临沂市企业技术中心。244 家规模以上工业企业中，2 家为国有，145 家为股份合作经济，14 家为外商及港澳台投资企业，其他经济成分为 82 家。民营工业企业产值 367.6 亿元，同比增长 19.2%。三大主导产业全年实现产值 280.7 亿元，同比增长 17.6%，占规模以上工业总产值的 74.5%。全年新建 55 个招商项目中有 45 个属于三大主导产业。郯城县资质以上建筑企业共 17 家，亏损企业 2 家，有工作量的建筑业企业 15 家，签订合同额 6.86 亿元，完成建筑业总产值 6 亿元，同比增长 15.6%；完成房屋建筑施工面积 42 万平方米，实现营业收入 4.3 亿元，营业利润 6960 万元。全年建筑行业平均从业人员 2023 人，其中工程技术人员 511 人，持证上岗人员 987 人。

(四)固定资产投资

2005 年，郯城县全社会固定资产投资 55.9 亿元，同比增长 44.8%。工业总投入 26.7 亿元亿元，新上和技改投资过 500 万元的项目 126 个，其中过亿元的 7 个。2004 年确定的工业重点项目已全部建成投产。县啤酒厂由河南金星集团成功重组，总投资 3 亿元，建设年产 20 万吨规模。

2012年，郯城县规模以上固定资产投资在建项目266个，完成投资额104.3亿元；房地产完成投资额4.8亿元，合计109.4亿元，同比增长22.8%。按行业构成划分：一产项目8个，完成投资额1.75亿元；二产项目144个，完成投资额65.6亿元；三产项目114个，完成投资额41.85亿元，其中房地产完成投资4.8亿元。房地产企业投资完成4.8亿元，同比减少3.3%。销售面积为28万平方米，销售金额为9.2亿元，每平方均价3283元，同比分别增长29.1%、61.4%、25%。

（五）贸易

2005年，郯城县实现社会消费品零售总额30.06亿元，同比增长17.5%。城乡消费品市场同步发展。教育、旅游、住房、计算机等消费成为新的市场增长点。新建一批专业市场和超市，福隆购物中心等市场相继建成营业。对外开放和招商引资实现新的突破。全年实际到位县外资金22亿元，引进过亿元项目7个，过千万元项目35个，顺亿高尔夫球制品、山东金星啤酒、天郯花生加工等一批重点项目进展顺利。全年实际利用外资1822万美元，同比增长46%；进出口总额6332万美元，同比增长14%；加工贸易完成570万美元，同比增长88%。全年新批外商投资企业13家，新增外贸经营权企业21家，外经贸企业总数达到93家。

2012年，全年实现社会消费品零售总额88.8亿元，比上年增长14.8%。其中，企业实现77.7亿元，增长18%。按行业划分，批发行业实现销售额87.9亿元，下降15.03%；零售行业实现销售额69.3亿元，增长19.25%；住宿行业实现销售额0.84亿元，增长17.2%；餐饮行业实现销售额9.8亿元，增长20.3%。城市市场实现批发零售额65亿元，增长14.8%；农村市场实现零售额23.9亿元，增长14.6%。按经济成分划分，公有制经济实现销售收入15.1亿元，增长15.1%；非公有制经济实现销售收入73.7亿元，增长 14.7%。教育文化娱乐用品增长速度较快，达到 64%，远远快于食品、衣着等温饱型消费支出的增长速度；全年小型汽车新挂牌 8301 辆，比 2011 年增长近 2000 辆。

七、社会事业

（一）医药卫生

截至 2005 年，郯城县有医疗卫生机构 32 处，其中县级医院 3 处（县第一人民医院、县第二人民医院、县中医医院），卫生防疫机构 3 处（卫生防疫站、结核病防治所、皮肤病防治站），县级妇幼保健机构 1 处（妇幼保健院），乡（镇）卫生院 21 处，私立医院 5 处（宽仁医院、新汪医院、现代医院、新华医院、博爱医院），从业人员 82 人，实有病床 100 张。厂矿学校卫生室 20 处，从业人员 67 人。

2012 年，郯城县全县参加新农合人数 75.60 万人，行政村覆盖率 100%，参合率 100%，住院报销比例 70%—95%，报销封顶线由 2011 年的 8 万元提高到 12 万元。全县公立医院 26 个，其中县直医院 6 个，乡镇医院 20 个。县直医院在岗职工 1334 人，其中执业医师 405 人，注册护士 552 人，实有床位 886 张；乡镇医院在岗职工 762 人，其中医师 155 人，护士 155 人，实有床位 697 张；民营医院 14 个，在岗职工 430 人，其中医师 97 人，护士 124 人，实有床位 268 张。

（二）文化事业

截至 2005 年，县城有文化馆歌舞厅一处，图书馆一处，藏书量达 7.5 万册，县城中心影剧院一处，可容纳观众 750 人，民办娱乐场所一座。乡镇有文化站 17 个，乡镇文化中心 11 处，农村文化室 780 个，乡镇电影队 17 个，郯城县有省级文物保护单位 2 处，县级文物保护单位 53 处，古墓遗址保护点 105 处。郯城县有调频电视发射台 1 座 300 瓦，其中乡镇 2 座各 20 瓦，乡镇有 17 处广播站，有线电视台 1 座。2005 年，被评为“全国科技工作先进县”“全省科普工作示范县”。同年，被评为“全省社会文化先进县”。实现了村村通广播电视目标。

（三）教育

截至2011年，郯城县共有各级各类学校210处，其中小学162处，初中25处，普通高中4处，职业学校5处，乡镇成人教育中心校13处，县教师进修学校1处，在校中小学生93869人，在职教职工8742人。

2012年，全县在校学生（不包括幼儿园）9.3万人，教职工（不包括幼教）8828人，进修学校教职工59人，聋哑学校教职工52人；全县各乡镇中心幼儿园（包括部分私立）在园幼儿数29685人，幼教职工2286人。2012年，高考本科进线3450人，进线率67.17%，比2011年提高6.7个百分点，其中一榜本科进线2390人，重点进线700人。全市文科、理科、艺体类第一名均在郯城县，5名学生分别被香港大学、香港中文大学、北京大学、清华大学和中央美术学院等名校录取。

高校：郯城电大、郯城教师进修学校

中学：郯城一中、郯城二中、郯城三中、郯城美澳学校、郯城综合高中、郯城高考补习学校．郯城实验中学、山东省郯城县育才中学、郯城街道办事处初级中学、银河中学、郯城欧美外语中学、大唐学府中学部、郯城未名中学、杨集中学、马头一中、马头二中、郯城街道办事处第二初级中学（小埠岭中学）、胜利中学、港上中学、沙墩中学、庙山中学、红花一中、红花二中、郯城四中、郯城五中、归义中学、重坊一中、新村中学、花园中学、高峰头中学

小学：郯城一小、郯城二小、郯城三小、郯城街道中心小学（原名向阳小学）、东庄树华希望小学、大唐学府小学部、郯城欧美外语小学

特殊教育：郯城聋哑学校、鲁南少林文武学校、郯城罗荣桓红

军小学、郯城县归昌鲁能希望小学

职业教育：郯城县中等职业技术教育中心学校、鲁南职业中专、英才职业中专乡镇学校

（四）科技

至1999年年底，郯城县各系统专业技术人员共28526人，其中高级职称者566人，中级职称者4997人，初级职称者22963人。郯城县农村各级、各类社会化科技服务组织达813个，其中乡级126个，村级652个，占郯城县871个行政村的75.2%。从业人员5852人。1991年10月，成立“郯城县技术市场管理办公室”，由科委主管其业务。是年，对郯城县所有技术贸易机构进行排查、摸底，凡不符合条件者取消其经营活动。对技术水平、办公场所、资金额度等达到标准的35家，颁发“技贸许可证”，予以认定。同时，积极引导、培植新发展技贸机构15家。至1993年年底，郯城县有技贸机构52家，从业人员600余人，年交易额307.5万元。至1999年底，郯城县有技贸机构80家，其中全民47家、集体16家、个体17家，从业人员达1100人。

（五）城建

2005年，全年县城建设总投资近6亿元，拆迁面积21万平方米，建设面积49万平方米。高标准、高质量地完成了郯东路、人民路和建设路综合改造、古城路东段建设、城区道路亮化、排水系统治理、新区基础设施建设等重点工程，开工建设了城区污水处理厂。全年共硬化道路37.1万平方米，铺设管网4.2万米；新增绿化面积3.8万平方米；新安装路灯2015杆、总数达到3020杆。深入开展城市环境综合整治，市容市貌有了较大改观。成立永安出租车公司，改善了城区客运秩序。在村镇建设方面，累计投入2.3亿元，突出抓好绿化、美化、净化和基础设施建设，增强了城镇辐射带动能力。被市委、市政府命名为“市级文明城市”。

八、历史文化

（一）国家级非物质文化遗产

鲁南五大调：鲁南五大调是活跃在以郯城马头为中心遍及整个鲁东南，甚至传到鲁北广饶等地的一种民间曲调。因集中流行于郯城、马头一带，故又称“郯马调”，也称“淮调”“五大调”。它的旋律婉转圆韵，节奏平实徐缓，歌词高雅隽永，多以叙事的形式，讴歌自然风光和人际情谊。

（二）省级非物质文化遗产

1. 东海孝妇

孝妇传说的源头是《汉书》。

2. 郯城木旋玩具

郯城木旋玩具是一种民间艺术，其题材内容、艺术形式都是为适应农村特点而产生的，具有浓厚的乡土气息和地方特色。在图案设计上，多取材于神话、民间故事、历史故事等，具有造型精巧、形象逼真、色彩艳丽、夸张传神等特点，具有很高的艺术价值，反映了一个地区的文化认同和价值归属，对于研究当地乃至中原地区风土人情具有重要的参考价值。其内容最初取材于民间传说和民间故事，在图案的设计上，既有儿童喜爱的花纹，又有成人视为吉祥如意的龙凤图案，有着童稚之美、自然之美、人文之美，折射出人类发展的足迹。

3. 郯城县木版年画

郯城木版年画的集中产地胜利乡沙沃村，在县城西南 15 公里的沂河北岸，是郯城木版年画的发源地。郯城木版年画起源于 200 多年前，一位潍坊年画艺人逃荒至郯城县胜利乡沙沃村，恰值年关将近，饥寒交迫之际，他就解下随身携带的木刻雕版，拓印年画出换取食物。不料，这些色泽艳丽抢眼、极具渲染喜庆气氛功能的年画一经面市就获得热烈的欢迎，不仅生意红火，沙沃村村民更是倾村前来拜师学艺。在原有的基础上，沙沃村人结合本地的地域特征，一代代推陈出新，很快就把沙沃村发展成为远近闻名的木版年画专业村。在鼎盛时期，沙沃村曾有过“家家点染，户户丹青”的红火场面，是苏北、鲁南的最大年画集散地。

4. 柳编工艺制品

白柳，民间群众俗称白柳条，又称条子。白柳的种植和编制工艺品生产，主要分布在沂、沭河两岸的李庄、黄山、沙墩、庙山、高峰头等乡镇。农民有着种植白柳的习惯。其传统柳编制品，主要编织簸箕、针线筐、条箱等农家日常生活必需品，当地生产柳，当地加工，当地销售。自 1972 年，郯城县工艺美术总厂开始生产柳编工艺品。郯城县种植白柳条 5 万多亩，年产白柳条近 1500 万公斤，为农业创汇进一步开发柳编工艺品生产打下了坚强基础。郯城县已成为全国重要的柳编工艺品出口生产基地，1999 年 3 月被农业部命名为“中国杞柳之乡”。

（三）膏像工艺制品

石膏像：是将水与石膏按 1∶1.8 左右的比例稀释后倒在模具中，待石膏完全干后脱模所形成的玩具。石膏像制品主要产于港上镇付桥村。

（四）郯城方言

属北方话，据调查，本县大体上有北中南三种口音。语音有明显差异，词汇也有细微的差别，语法方面基本一致。郯城县政府所在地郯城镇系郯国故城旧址，为郯城政治经济文化中心，可以代表郯城方言。

九、旅游

东海孝妇冢：西汉年间，位于城东外环路旁，坟冢高五六米，周长 80 米 ，占地近半亩，至今保存完好。在孝妇冢的墓前有石碑两座，一个是康熙三十四年（公元 1695 年）所立，另一个是光绪三十年(公元1904年)所建。墓碑上有“万古流芳”四个大字,墓碑上依稀刻有“大清光绪”的年号,碑文可辨。

望海楼景区:在城东南15公里处,位于红花乡大尚庄村东南约2.5公里的山顶上,是一座高大的石峰,巨石错叠,形如石楼。据传早在春秋时期,孔子周游列国出访郯国时,曾与郯国国君郯子到此登楼望海,观看日出,后称为孔子登临处——望海楼。

齐魏马陵之战战址:在山东郯城县马陵山。齐魏马陵之战发生在公元前341年,是军事家孙膑指挥齐国军队以少胜多,一举歼灭庞涓所率魏国十万大军的著名战役。

马陵山景区:马陵山为沂蒙山余脉,南北走向,海拔在80—180米之间,地形条件与史料上关于马陵之战的描写相吻合。马陵山一带还出土了大量铜箭头和青铜兵器。此外,沿马陵山一带还有很多地名、村名都与齐魏马陵之战有关。如:孙膑养马的马场,齐军射庞涓的社子,庞涓中伏地之独龙涧,也称庞涓沟,庞涓一次上马石、二次上马石,魏军卸甲之卸甲营,庞涓自杀的恨谷崖等。

红石崖风景区:位于郯城西南22.5公里沂河岸边。崖下河水滔滔,崖壁陡峭,其土色殷,坚硬如石;崖上树木参天,荫翳蔽日。其中有一棵雄银杏树,高37.5米,胸围7.1米,为西汉永光年间所植。已在此修建“银杏古梅园”,占地百亩。

郯国故城遗址:在县城城北,为汉代所建的徐州城,被列为全国重点文物保护单位。此外,县城周围有于公墓、史大奈墓、庙山汉墓群等景点。

于公墓:坐落在县城西约300米处,西距西外环150米,北邻鲁南纸业集团驻地南墙。该墓东西宽100米,南北长140米,中心封土高7米。墓前有清康熙三十九年郯城知县赵节重立石碑一幢,碑文为“汉于公墓”。该墓现保存较完整,于1978年12月被公布为县级重点文物保护单位。

清泉寺:位于郯城东北15公里马陵山东坡,泉源乡司家村西北1.5公里半山处。该寺南北长31米,东西宽20.5米,占地近1亩。大殿3间,单歇式建筑,依山顺势,坐北面南,殿后为红石山包,后壁以山崖为墙,露出部位高约1米,前墙1米向上和山墙是青砖结构。大殿中间靠后设一神坛,坛上坐1.5米高泥塑佛像,坛四角有“四大接力神”,以扛坛状支撑。佛像前有“阿难”“伽叶”两尊泥像相对而立,其底座是低于主像坛0.2米的泥台,主像两侧塑有十八罗汉像,神态表情各不相同,肤色服饰因人而异,有的骨瘦如柴,有的肚大腰圆,栩栩如生。寺院建筑和东西廊房全系红石,屋宇是山红草缮顶,“文化大革命”期间被毁。存明万历五年“重修云门寺记”石碑1幢,古银杏树1株。

十、特产小吃

(一)郯城琅琊草编制品

琅琊草俗称黄草,是用京攵的叶子加工而成。

(二)清泉寺优质矿泉水

产于郯城县马陵山的深山密林中。这里谷深林茂,风景秀丽。矿泉水从古清泉寺附近红色岩石的裂隙中涌出,清澈透明,口味甘洌。属低矿化度重碳酸钙优质天然饮用矿泉水,可与崂山矿泉水媲美,可作为瓶装矿泉水和配制饮料用水进行长期稳定的开发。

(三)沂蒙煎饼

煎饼,是沂蒙山区民间传统家常主食,从使用的原料方面分类,又可分成麦子煎饼、玉米煎饼、小米煎饼、高粱煎饼、地瓜煎饼等,不同的烙制工具,不同的原料,其味道也各不相同。烙好的煎饼薄如纸,折叠成卷,即可食用。经过晾干,叠成长方,可存放半月到一个月之久而不变质。

(四)郯城板栗

板栗是郯城名特产品,是全国板栗重点产区之一,已有数百年历史。板栗被称为“木本粮食”，素有“铁杆庄稼”的美誉，栗子味道甘美、香甜，营养价值高。

（五）郯城银杏

银杏俗称白果，是郯城名特产，栽培历史悠久，是种子植物中最古老的孑遗植物之一，有活化石之称，是中国特有的珍贵树种。据清朝乾隆二十八年编纂的县志记载，银杏被列为重要特产载入“果之属”，在《中国主要树种造林技术》一书里也有记载。

（六）郯城马头吊炉烤牌（潮牌）

吊炉烤牌，因制作时用吊炉烘烤，故而得名。它两面焦黄，正面撒满芝麻，香味四溢，酥脆可口，配其油盐、花椒、葱花等佐料。

（七）糁

糁，又名“肉粥”，其主要原料是母鸡肉和麦米、面粉、辅以葱、姜、盐、酱油、胡椒粉、味精、五香粉、香油、醋等佐料，工艺精细复杂，是山东临沂一带的一种传统名吃。《说苑・杂言》中有“七日不食，黎羹不糁”的记载。《礼记・内则》称：“糁，取牛、羊之肉，三如一，小切之。与稻米二，肉一，合以为饵，煎之。”这里所说的“糁”，颇类今糁。

（八）黑咸菜（辣疙瘩）

辣疙瘩、硕头菜、雪里红、萝卜缨或者萝卜、地瓜和洋姜等入缸内腌制，菜盐比为10∶1，加足水，漫过菜即可。过完阴历正月即可捞出晾晒至干，俗称挂卤。这时将缸内菜汁滤出去渣，入锅内煮开杀菌盛出。大锅内底部反扣一大瓷盘，放花生米或黄豆适量，再把干咸菜摆放其上，后把菜汁倒入，如不够，可加凉开水。大火煮开小火焖，经一昼夜焖制，就焖出又黑又香的黑咸菜来了。将其装入洗尽晾干的罐盆内，倒入熟油封顶，用盖子或塑料布扎紧封存。食用时，勿用手拿，不可沾生水，以防发霉长毛，可用干净筷子夹出即可。

(九) 盐豆子

盐豆,俗称"老盐豆",又叫"臭盐豆",在超市有售名曰梅花豆。是鲁南地区每家每户,在冬闲时,用自家地里收获的黄豆,腌制出辣嫩可口的小菜。

(十) 高桩馍馍

高桩馍馍,是马头镇的又一小吃。它质白面软,很有筋骨,从外面揭开一层皮,可连续不断一直揭到里心。吃到嘴里松软筋道,甜度适中,只有鸡蛋粗细,高约15厘米左右,故得此名。

(十一) 庄户沫水

最主要口味和特点:蔬菜原汁原味,清香四溢。一年四季皆可制作,食用。是一种纯天然的绿色保健食品。其中所含的磷脂是一种天然营养活性剂,是聪明大脑的重要物质。磷脂还可增加主要材料构成:当地产的黄豆、花生米,以及山野菜、蔬菜等。豆沫的制作方法:先将豆子和花生米碾成粉或糁子,或磨成糊。具体地说,就是添水烧开,然后将洗净切好的菜放入锅中,再捞出滤水放在一边。然后将豆沫糊或糁子糊添水烧开至滚沸,然后再放入准备好的菜,放少许盐,根据个人口味而定。根据要求,可以制作成稠的,用筷子叨食;也可制作成稀的,用小勺舀着吃。

(十二) 凉粉

凉粉,流行于全国各地。宋·孟元老《东京梦华录》称北宋时汴梁已有"细索凉粉"。制作方法:将绿豆粉泡好搅成糊状,水烧至将开,加入白矾并倒入已备好的绿豆糊,放凉即成。白色透明、呈水晶状。调以酱油、醋、芥末而食。

(十三) 油茶

油茶是临沂人民的传统小吃,宋朝末年油茶从西部回族传到沂州之地,为半流汁食品,宜早食。马头供销食品厂生产的油茶质量上乘。制法:面粉炒熟呈浅黄色,花生仁、瓜子仁、核桃仁、芝麻炒酥碾碎,葱姜切丝用花生油炸酥;炒面加葱姜丝、花生油、香油搓匀再下其他各料拌匀即成。食法:油茶放碗,加入白糖,沸水冲拌成稠粥状即成。

(十四)腌韭菜花

韭花又名韭菜花,是秋天里韭白上生出的白色花簇,多在欲开未开时采摘,磨碎后腌制成酱食用,农家多称之为"韭菜花"。

韭花的制作方法大都是磨碎成酱状,磨制过程中加辣椒似乎也是古法,元人耶律楚材《鹿尾》诗写道:"韭菜酷辣同葱薤,芥屑差辛类桂姜。"不加辣椒似乎不会"酷辣。"

十一、著名人物

郯子,已姓,子爵,春秋是郯国国君。

后苍(生卒年不详),字近君,东海郯人。西汉宣帝时博士,官至少府。著名经学家。

于定国(前111—前40),字曼倩,西汉时东海郡郯人。汉宣帝时丞相,封平西侯。

刘虞(? —193),字伯安,东海郯(今山东郯城)人。

王朗(153—228),字景兴。三国时期魏国大臣。

何承天(370—447),南朝宋无神论思想家、天文学家、政治家,历官衡阳内史、御史中丞等。

鲍照(约415—470),南朝宋文学家,著有《鲍参军集》。

徐陵(507—583),字孝穆,南北朝时期梁陈间著名文学家。

张景华(1482—1555),字时美,号白溪. 明山东郯人。

刘之言(1906—1933),马头镇人,鲁南地区中国共产党的主要创始人。1933年,在"苍山暴动"中牺牲。

李岩岩,中国摔跤运动员,国际健将,世界冠军。

张九华,武术家、技击家。

释延鲁,俗名林清华,少林寺四大金刚之一。

鲁冰,中国当代童话作家。代表作《小鸟快飞》。

韩浩月,中文网络知名写手,资深文化评论人,代表作《爱如病毒,喜欢潜伏》。

魏建玲,笔名灵子。现任《国际商报·财富周刊》主编、商务金融网总编辑。主要著作有《沂蒙情思》《影响我的 60 访谈》。

江文湛,郯城县郯城镇人;擅长中国画。现为西安中国画院副院长,一级美术师。

张金兰,郯城县花园乡三捷庄人;著名柳琴戏表演艺术家、中国戏剧协会会员。

刘原生,郯城县郯城镇人;中国美术家协会会员,国家一级美术师。

刘振亚,郯城县归昌乡人;国家电网公司总经理、党组书记;电气工程硕士,教授级高级工程师。

宋法棠,郯城县花园乡宋窑村人;山东省委原副书记、副省长;原黑龙江省省长、省委书记。

张玉台,郯城县马头镇大圩沟村人;现任国务院发展研究中心主任。

朱振民,郯城县李庄镇朱庄村人。

孔宪铎,郯城县李庄镇李庄二村人;孔子第 72 代孙。

孔祥智,任中国人民大学农业与农村发展学院党委书记兼副院长,教授、博士生导师。

朱平,新希望教育集团党委书记。

十二、城市荣誉

中国杞柳之乡

中国银杏之乡

中国乐器之乡

全国绿化先进单位

全国造林绿化百佳县

全国粮食生产先进县标兵

中国优秀生态旅游县

中国男装加工名城

山东省园林城市

国家级生态示范区

新　沂　市

一、概况

（一）区位

位于徐州市东部，亚欧大陆桥东陇海铁路中段，东与沭阳、东海两县为邻，南隔骆马湖、新沂河与宿迁市相望，西与邳州市毗连，北与山东省郯城县接壤。

（二）资源

植物资源有树木类150多种，药材类200多种，草类近100种。野生动物资源有兽类6种，鱼类40多种，鸟类80多种。矿产资源主要有天然石英砂、黄沙、金红石、硅石、钾钠长石、蛭石和伴生磷矿、矿泉水等。

（三）环境

地势东北高，西南低。马陵山由北向南纵贯全境。流域性河流有沂河、沭河、新沂河、中运河和骆马湖。春季干旱、冷暖多变；夏季炎热，雨水集中；秋季温和，天高气爽；冬季寒冷，雨雪稀少。年均日照2395.4小时，气温14.6℃，降水量862毫米，无霜期198.8天。1978—2008年，发生较大自然灾害60多次，其中旱灾11次，洪灾27次，冰雹12次，风灾11次。

（四）面积

总面积1591平方千米，其中水域和水利设施面积371平方千米，耕地面积115.50万亩。

（五）人口

1978年，户籍人口715267人。2008年年末，总人口100.31

万人,其中非农业人口 19.42 万人,人口密度为 630 人/平方千米。

(六)行政区划

1978 年,新沂县辖 26 个人民公社。1983 年,恢复乡镇行政建制,辖 25 个乡,288 个村(居)委会。2008 年,辖新安、瓦窑、港头、唐店、草桥、合沟、窑湾、棋盘、马陵山、新店、邵店、北沟、时集、阿湖、高流、双塘 16 个镇,江苏新沂经济技术开发区,无锡—新沂工业园区及马陵山风景区。全市共 253 个村委会,10 个社区居委会。

(七)民族宗教

1978 年,有少数民族 4 个,536 人。2008 年,少数民族增加到 21 个,人口 1130 人。有宗教团体 3 个。佛教寺庵 4 座,僧尼 6 人,信徒 1000 多人;基督教堂 11 座,固定活动处所 52 处,信徒 3 万多人;天主教堂 1 处,固定活动处所 2 处,信徒 1000 人。

二、历史文化

(一)政区沿革

1949 年 5 月由宿迁、沭阳、东海、邳县析置新安县,1952 年 9 月更名为新沂县。1990 年 2 月撤销新沂县,建新沂市。

(二)地名由来

1949 年建立新安县,后因与河南省新安县重名,1952 年以境内新沂河更名为新沂县。

(三)文化遗存

境内有国家级文保单位花厅遗址和窑湾古镇,省级文保单位小徐庄遗址、宿北战役前沿指挥所三仙洞、窑湾赵信隆酱园店,新沂市级文保单位 40 多项。花厅遗址属大汶口文化中晚期,距今 5300 多年。窑湾古镇为明清商业重镇,现存古建筑等人文景观 20 多处。

(四)名人轶事

境内古今名人有南宋地方抗金将领魏胜,明代散曲家陈铎,康熙四十八年(1709)进士、乾隆皇帝少时老师徐用锡,清康熙年间女诗人倪瑞璇,当代诗人、中国作家协会会员王辽生,画家马南圃等。

三、经济发展

(一)开发开放

1978年,外贸出口产品收购额693.51万元。1988年,外贸出口收购额2761万元。2008年,外贸进出口总额17028,53万美元,比1978年增长161.5倍。1995年12月新沂市经济技术开发区成立,2006年4月省政府批准为省级开发区。2008年年底,进区项目达165个,实现业务总收入102亿元,工业产品销售收入92亿元,全社会固定资产投入46亿元,实现财政收入4.03亿元。2006年12月,无锡一新沂工业园成立,总面积32.8平方千米。至2008年,园区引进项目49个,总投资81.66亿元,注册资金17.24亿元,其中注册外资5600万美元。2006—2008年,合同利用外资2.31亿美元,实际利用外资5216.4万美元。对外经济合作外派人员4925人次,创汇14018.8万美元。

(二)经济总量

1978年,工农业总产值2.21亿元,财政收入1491万元。1988年,地区生产总值8.46亿元,财政收入3819万元。2005年,地区生产总值77.8亿元,财政收入5.06亿元。2008年,地区生产总值128.41亿元,第一、二、三产业增加值分别为25.01亿元、58.52亿元、44.88亿元,人均地区生产总值14016元,全年财政收入1r7.80亿元。

(三)农业

1978年,农林牧渔业总产值3.06亿元。1982年,农林牧渔业总产值5.06亿元。1999年,初步形成“三大示范区,四大产业带,五大生产基地”的规模高效农业新格局,当年农林牧渔业总产值15.60亿元。2006年,农林牧渔业总产值17.84亿元。2008年,有规模种植户3860户，专业种植村68个；专韭养殖户2902户，专业养殖村106个；农业专业合作社320家；高效农业面积61万亩；农林牧渔业总产值由1978年的3.06亿元上升到19.37亿元。

（四）工业

1978年，工业企业204家，产值12.88亿元，利税767万元，资产合计4458万元。1979—1987年，扩大企业经营自主权。1988年2月，推行经济责任制，实行政企分开，当年中型以上企业341家，实现总产值89.19亿元，利税5582万元，资产合计24736万元。至1990年2月，有521家工业企业实行承包经营责任制。1997年企业产权制度改革全面展开。至2008年，形成以化工、纺织服装、食品、造纸为支柱产业，新医药、新材料、机械电子、建材、矿产开发综合发展的工业体系。工业企业194家，总产值172.31亿元，工业销售收入170.58亿元，利税15.85亿元，资产合计1058.9亿元。地区工业生产总值50.15亿元，比1978年增长138.3倍。

（五）服务业

1978年，社会消费品零售总额6594万元。1980年后，城区涌现出华联、苏果、时代等一批大型超市。2005年，社会消费品零售总额达36.30亿元。2008年，社会消费品零售总额44.06亿元，比1978年的6594万元增长65.82倍。2006年，马陵山风景名胜区被评为国家AAAA级旅游景区，千年窑湾古镇、全国第七大淡水湖骆马湖具有广阔的旅游开发前景。2008年12月，新沂县被博鳌国际旅游论坛授予“国际旅游名城”称号。

四、基础设施建设

（一）城乡建设

2000年后，实施城区“南移、西扩、东进、北延”战略，先后投入35.5亿元，建设改造城区主干道65条，250万平方米。新建、改造沭河大桥3座，沭河景观大桥建成通车。2008年底，城区拥有道路246千米，总面积691万平方米，人均道路面积9.6平方米。城区拥有排水管网110千米。路灯、景观灯1.88万盏，亮化率达99%0拥有公交、出租车405辆。3处公园绿地面积达131.85公顷，城市建成区绿地面积643.28公顷，绿地率38%。城市供水管网39.8千米，年供水量900万吨，自来水普及率迭97%。

（二）交通

1978年，公路总长278.7千米，客运量25万人，货运量61万吨。2008年，253个行政村实现“村村通”，境内公路总里程3696千米，年客运量1438万人，货运量1720万吨。新长铁路1993年5月与东陇海铁路接轨，胶新铁路2003年12月20日建成通车，在新沂西站与东陇海铁路接轨。2008年，新沂站日均接发旅客列车20对、40趟，发送旅客2400人次；接发货物列车30对、60趟。新沂西站接发列车94对（其中客车21对）。航道总里程108.1千米，年货运量168.56万吨。

（三）水利

地处沂沭泗流域下游，流域性河湖有沂河、沭河、新沂河、中运河和骆马湖（简称“四河一湖”），区域性河道16条，中小型水库30座。1978—2008年，共完成土石方8.6亿立方米，加固“四河一湖”等流域性河湖大堤222千米，开挖中小型河道16条374千米，开挖大沟102条，中沟1563条，小沟7824条，发展机电排灌总动力66200千瓦，兴建建筑物6345座，完成配套面积80万亩，可灌溉面积95万亩，建成高产稳产农田79.9万亩。

（四）邮政信息

1978年，邮电业务收入67万元。1998年9月，邮电分营，当年实现业务收入7227万元。2008年年末，市话交换机总容量25.2万门，固定电话用户2.74万户，其中城市电话用户9.01万户,乡村电话用户 11.77 万户。年末移动电话用户 39.8 万户,计算机互联网用户 2.98 万户。实现业务总收入 40412 万元。

(五)电力

1978 年,供电量 9759 万千瓦时,售电量 8777 万千瓦时。2005 年,供电量 140748 万千瓦时,售电量 128228 万千瓦时。2008 年底,有 35—220 千伏输电线路 65 条 896.4 千米,比 1978 年分别增长 6.22 倍和 2.73 倍;有 35—220 千伏变电所 49 座,主变压器 175 台,容量 169.9 千伏安,分别比 1978 年增长 7.17 倍、2.07 倍和 22.2 倍。年供电量 193582 万千瓦时,售电量 176168 万千瓦时,比 1978 年分别增长 18.84 倍和 19.07 倍。

五、科教文卫体

(一)科技

1978 年,有科技人员 9741 人,科研所 3 家。2005 年,有科技人员 21678 人,科研所 6 家。2008 年年底,科技人员增至 23260 人,科研所(中心)15 家。1986—2008 年,共举办专题技术讲座 412 场(次),推广新技术 380 多项。建成 2 个省级、4 介市级、16 个县级科技示范镇,7 个省级、7 个市级高新技术示范企业,2 个省级、8 个市级、64 个县级科技示范村,1.28 万科技示范户。2008 年,科技项目库有省项目 4800 项,专利申请受理量 923 件,授权量 100 件。

(二)教育

1978 年,有小学 365 所,教职工 4864 人,在校生 83559 人;中学 28 所,教职工 1852 人,在校生 42162 人。1990 年,中小学实行"教师聘任、教育教学岗位责任制"。2000 年 8 月,实施教职员工全员聘任制。2008 年,有小学 96 所,教职工 3986 人,在校生 49642 人;中学 39 所,教职工 5627 人,在校生 69367 人;幼儿园 86 所,在园幼儿 26289 人。高中、职中教师本科学历占 93.89%;初中教师本、专科学历分别占 54.29%、43.3%;小学幼儿园教师本、专科以上学历占 72.65%，中专学历占 27.35%。全市初中毕业升学率 94.3%，学龄儿童入学率达 94%。

(三)文化

1987 年建县博物馆。1988 年，建县图书馆新楼，建筑面积 1550 平方米，藏书 7 万余册。1989 年，有影剧院(场)73 个。1994 年 9 月，成立新沂有线电视台。1997 年，成立市广播电视台。2005 年，新沂文化馆第三次建设新馆，建筑面积 3800 平方米。2008 年，16 个镇皆配有文化站，建立文化广播中心和文化活动大楼。

(四)卫生

1980 年，有医疗卫生单位 51 个，卫生技术人员 1258 人，病床 1055 张，每万人拥有卫生技术人员 17.3 人、病床 14.5 张。2008 年年末，有卫生机构 61 个，卫生技术人员 2270 人，病床 1461 张，每万人拥有卫技人员 22.6 人、病床 1406 张。有二级甲等医院 3 所、一级甲等医院 20 所。

(五)体育

1990 年开始，先后兴建体育馆、田径场、滑冰场等体育场馆，在 16 个镇 253 个村建立体育健身场所。2008 年，登记注册的民办体育协会 12 个，建立晨、晚锻炼点 410 个，常年坚持体育锻炼的人占常住人口的 51%以上。先后 16 次获江苏省县级田径比赛冠军。1992 年、1993 年，分别被国家体育总局评为全国体育先进市和全国田径之乡。2007 年，被省政府授予“江苏省首批体育强市”称号。

六、风物特产

(一)民风习俗

春节(大年初一)，全家团聚包饺子、串门拜年、长辈给晚辈压岁钱。元宵节，吃汤圆，举行玩花灯等群众娱乐活动。二月二，龙抬头的各种风俗渐淡。清明节，插柳习俗已不见，民众添坟扫墓，凭吊烈士，进行革命传统教育。端午节，包粽子，插艾草，吃煮鸡蛋、煮大蒜，儿童挂香囊。农历七月十五和十月初一均为“鬼节”，烧纸钱祭奠祖先和亲人。中秋节为团圆节，亲人团聚，吃月饼，成为仅次于春节的盛大节日。冬至，东部地区有“冬至大似年”之说，亦行祭祀。腊月二十四为祭灶日。除夕（大年三十），节前几天置办年货，洒扫门庭，除夕请门牢中，贴对联，吃年夜饭，饭后收看央视春节文艺晚会。婚姻媒介渠道拓宽，但仍有提亲、定亲、送彩礼、定婚期、摆喜宴、回门等习俗。丧葬有报丧、设灵堂、入殓、吊唁、办谢客宴、出殡、安葬、回灵席、“做七”等习俗。庆生有送喜蛋、送奶糖、请满月酒等习俗；做寿有过生日、为老人办寿宴等习俗。看风水、请财神等风俗亦逐渐风行。

（二）地方特产

地方特产有窑湾绿豆烧酒，始于清康熙年间。明帝牌捆香蹄，已有30余年历史。另外，骆马湖银鱼、大青虾，窑湾甜油、甜面酱，阿湖天然水晶制品，沙沟香油等也享有盛名。

七、人民生活

（一）居民收入

1978年，职工平均工资472元，农民人均纯收入72元。1988年，职工平均工资1517元，农民人均纯收入534.69元。1998年，职工平均工资上升到5243元，农民人均纯收入达28560.62元。2008年，农民纯收入5698元，比1978年增长78倍，年均增长15.7%；职工平均工资18483元，是1978年的39倍；城乡居民储蓄存款余额55.98亿元。

（二）居民消费

1978年，社会消费品零售总额6594万元。2008年，社会消费品零售总额44.06亿元，比1978年增长65.8倍，年均递增15%。城乡居民恩格尔系数由1978年的76.3%、57.7%降至2008年的38.2%、24.9%，2008年，农民人均住房29.7平方米，比1978年增加 21.9 平方米;城镇居民人均住房 40.2 平方米,比 1978 年的 8.8 平方米增加 31.4 平方米。每百户拥有彩电 124 台、电冰箱 86 台、空调器 117 台、电脑 58 台、固定电话 81 部、移动电话 164 部、摩托车 61 辆、助力车 83 辆,全市有私人小汽车 1 万多辆,其中 60%以上为城镇居民所拥有。

(三)社会保障

2001 年前,社会保障制度主要为公费医疗和企业职工养老保险。2008 年年底.城镇职工基本医疗保险参保 7.16 万人,覆盖率 98%;城镇居民医疗保险参保 14.6 万人,覆盖率 96%。新型农村合作医疗参合率 94.1%。参加企业职工养老保险在职人员 4.38 万人,离退休人员 0.96 万人。参加失业保险 4095 万人,职工生育保险 2.2 万人,职工工伤保险 3 万人。参加农村社会养老保险 12.5 万人。居民最低生活保障人数 38624 人,全年发放低保金 270.12 万元。

沭 阳 县

一、概况

(一)区位

位于江苏北部,京沪高速公路、新长铁路、205 国道以及 324、326、245 省道穿境而过。东与涟水县、灌南县、灌云县毗邻,北与东海县接壤,西与宿豫区、新沂市接界,南与淮阴区、泗阳县相连。

(二)资源

境内盛产水晶、石英砂、蓝晶石,黄砂极为丰富。境内还有铁、锰、磷、陶土等矿藏。悦来的金针菜,新河的板栗,新河、颜集等乡镇的花卉,饮誉海内外。林业发展迅速,杨树为主要树种,多次被评为全国平原绿化先进县。现存银杏、槐树、皂荚、木瓜、板栗、紫藤等古树名木。

(三)环境

地处鲁南丘陵与江淮平原的过渡带,地势西高东低,最高点韩山海拔 65.9 米,最低处在东北部西圩乡,高程 3.4 米。西部岗地高程 10—20 米,大部分地面高程在 4.5—7 米。地属暖温带季风气候,四季分明,雨量充沛,雨热同季。境内土壤有黄潮土亚类、盐碱性潮土亚类、棕潮土亚类、砂礓黑土亚类等。

(四)面积

境域面积 2298 平方千米,其中耕地面积 204 万亩,水面 45.28 万亩,荒滩 13.5 万亩。

(五)人口

1978 年,总人口 125.18 万人,其中男 62.97 万人、女 62.21 万

人，农业人口 120.82 万人，非农人口 4.36 万人。2008 年年末，总人口 176.82 万人，其中男 90.98 万人、女 85.84 万人，农业人口 135.82 万人，非农人口 41 万人。

（六）行政区划

1978 年，辖 38 个乡镇，3 个农场。2000 年 5 月，撤销南关乡，所辖村（居）划归沭城镇。2001 年，县良种场、县鱼种场并入沭城镇。2005 年，撤销十字、七雄、章集 3 个乡镇，设立十字、七雄、章集 3 个社区。2008 年，全县辖 34 个乡镇，1 个农场。

（七）民族宗教

少数民族有回、朝鲜、蒙古、藏、苗、维吾尔、彝、壮、布依、高山、水、东乡、景颇、土、仡佬、布朗、撒拉、阿昌、普米、怒、独龙、侗、瑶、白、土家、哈尼、哈萨克、傣等 37 个，2309 户，4800 人。其中，回族人口在少数民族人口中最多，其他少数民族人口多为婚嫁入境。有佛教、基督教、天主教、伊斯兰教 4 种宗教，宗教场所 490 处，信教群众 9.5 万人。

二、历史文化

（一）政区沿革

沭阳春秋时属鲁国。战国时属楚国。秦初属薛郡，后改属郯郡。西汉置厚丘县，立阴平、建陵两侯国。梁天监五年（506）置僮阳郡。东魏武定七年（549），改僮阳郡为沭阳郡。北周宣政元年（578）改为沭阳县。唐总章元年（668），属泗州。明洪武年间隶属淮安府。清雍正二年（1724），海州升直隶州，沭阳又改属海州。1913 年，属徐海道。1928—1948 年，属东海专员公署、徐海行政公署。1940 年 9 月，属淮海区。1945 年 10 月，淮海区改为苏皖第六行政区，沭阳属第六行政区。1949 年 5 月，隶属淮阴行政公署。1983 年，实行市管县，沭阳属淮阴市。1996 年 8 月，行政区划调整，属地级宿迁市。

（二）地名由来

沭阳因位丁沭水北岸而得名。

（三）文化遗存

历史悠久，文化底蕴深厚。有新石器时代遗址11处，商周遗址7处，汉代遗址19处，汉以后遗址10处。主要有万北遗址、马厂遗址、铁架岭遗址、马墩遗址、小山遗址、小宅子遗址等。地方戏曲有淮海戏、僮子戏、淮海鼓锣等，已被批准为非物质文化遗产；民间艺术有剪纸、泥塑、熔画等。

（四）人文轶事

相传秦末沭阳人虞姬，文武兼备，随夫项羽征战南北；刘宋时赵伦之起兵协助刘裕，官至领军将军；明清两代，进士达10人。清末才女刘清韵携10本传奇下江南，江浙名士为之倾倒。进士李映庚在光绪年间为知府，颇有政声，他创作了中国颇具影响力的充满反帝爱国激情的军乐著作《军乐稿》。民国后，李映庚官至肃政使，坚决反对袁世凯复辟帝制，名扬四方。在革命战争年代和社会主义建设时期，涌现出吴苓生、王华、王大锹（兆山）、魏玉德等一批英雄模范人物，摄影大师吴印咸、研究鲁迅专家王士菁、著名记者兼作家白夜、历史学家叶蠖生等著名人物。

三、经济发展

（一）体制改革

中共十一届三中全会后，体制改革开始起步，农村推行家庭承包经营、统分结合的双层经营体制。1983年，工业企业推行承包经营责任制，乡镇企业推行"一包三改"。1988年，普遍推行承包制和厂长经理负责制。1992年，按照建立现代企业制度的要求，加大企业改革力度，通过改为股份制、民营企业、拍卖或破产等一系列改革，工业获得快速发展。

(二)经济总量

1978年,国内生产总值4.16亿元,人均334元;财政收入1204万元。2008年,地区生产总值202.04亿元,人均12626元;财政收入25.06亿元,地方一般预算收入12.52亿元;社会消费品零售总额26.94亿元,完成固定资产投资149.56亿元。

(三)农业

2008年,粮食总产量116.29万吨,比1978年增长2.2倍。1980年,农用机械总动力14万千瓦,2008年为187.5万千瓦。沭阳是全国商品粮基地县、全国绿化先进县、全国著名的花木之乡,也是全国少有的绿色小康示范县。

(四)工业

1978年,有国有工业企业41家,县乡集体企业1450家,工业总产值8577万元。工业门类有机械制造、医药化工、轻工纺织、建筑材料、粮油食品等。2008年,工业增加值达80亿元,成为苏北县域经济前三强,经济结构次序也调整为二、一、三.基本步入工业化中期阶段。

(五)服务业

1978年以后,服务业进入高速发展时期。2008年,服务业增加值达到56.18亿元,是1978年的110倍,占国内生产总值的比重提高18.7个百分点,运输邮电、金融保险、房地产、商业、旅游业取得长足发展。

四、基础设施建设

(一)城乡建设

1978年后,对县城重新规划,20世纪80年代初对旧城改扩建。90年代后期,兴起新一轮城市建设高潮,城区面积由原来的5平方公里扩建为51平方公里,并按现代化中等城市规模建设,形成高楼房、宽马路、大广场、大公园,以及城区的大超市,基本建成苏北最大的县级城市。同时，积极抓好小城镇建设。到2008年，城区铺设道路达455万平方米，排水管道23.5千米，建成交易市场41个，城区绿化率为45%。农村道路建设1200千米，建设38个小城镇。20世纪80年代以后，实施改水工程，乡村兴办自来水厂，城乡居民告别饮用高氟水状况。到2008年，饮用水全部符合国家规定标准，城市供水716万吨。

（二）交通

1978年，县乡道路600多千米，全部为砂石路。20世纪90年代后，主要是建设县乡道路、省道和205国道、京沪高速公路，兴建新长铁路。至2008年年底，有公路2363公里，其中高速公路55公里，新长铁路沭阳段46公里，37个乡镇场实现县乡公路黑色化，乡镇和村全部通公路，拥有内河航道300公里。

（三）水利

地处沂、沭、泗诸河下游。中华人民共和国成立后，开挖新沂河、淮沭河等重大水利工程，初步形成防洪、防涝、防旱、防渍等水利工程体系。大型防洪工程，建有沭阳闸、防洪闸，以及淮沭河、新沂河等配套设施。在水利资源利用方面，疏浚骨干河道240条，兴建水利建筑物1800座，建设大批排引水工程，内河航运和农田灌溉能力有很大提高。修建防渗渠道，控制地下水开采，取得明显成效。1978—1998年，共完成土方30亿立方米，新建水利配套建筑1600座，改造中低产田55万亩。2008年，出动4.6万劳力疏浚县级河道5条、86.1千米，乡村河道89条、251.4千米，新建水利配套建筑1200座。

（四）邮政信息

1978年，汽车邮路180千米，电话用户3600户。2008年，实现邮电业务总量2.4亿元，年末电话用户30.8万，移动电话用户46.2万户，互联网用户2.2万户。

（五）电力

1978年，生活周电470万千瓦时，工业用电2018万千瓦时，农业用电232.35万千瓦时。1998年，有35千伏以上变电站15座，输电线路总长3516.3千米。年供电量2.6亿千瓦时。2008年，变电站25座，输电线路总长4329.845千米。全社会用电量1196′55万千瓦时。其中，城乡居民用电量27735万千瓦时，农林水利用电量1854万千瓦时，工业用电量7.58亿千瓦时。

五、科教文卫

（一）科技

中华人民共和国成立初期，建立了县农业科学研究所，分区设立良种场、棉花原种场，各乡镇设立农科站（队），有农业科研点55个。1978年，有小麦、水稻、玉米优良品种8个，电子、机械等工业科技产品6个。改革开放以后，实施“科教兴县”战略，科技研究开始向工业等领域拓展，形成农业、工业并重的局面。到2008年，有高新技术企业28家，高新技术产品46个，已成为经济发展新的增长点。

（二）教育

1978年，有高中11所，初中38所，小学637所。2008年，有初中64所，小学187所，其中省示范初中17所，省实验小学4所，市实验小学2所。有高中16所，中职学校15所，高职学院1所。

（三）文化体育

1978年，只有小型体育场、书店、图书馆各1个。改革开放后，文化体育事业迅速发展，县城建立中心图书馆，乡镇都建立文化馆。至2008年，农家书屋4500个。县城建有能容纳近3000人的体育馆，各乡镇建设体育场和健身场所709个。加强文化队伍建设，搞好书画、剪纸、图书等创作，以及文物保护工作。

（四）卫生

1978年后，按照“办医形式多样化、普通医疗民营化、防疫事业专业化、投入体制社会化”的思路，不断完善卫生改革，到2001年7月，乡镇卫生院全部完成资产竞价转让，共转让资产3140万元。县中医院改为股份制，县人民医院于2003年拍卖转为民营。卫生事业进入了新的发展时期，医疗卫生服务网络基本形成，医疗卫生队伍得到加强，农村卫生事业发展较快，预防保健工作成效显著。到2008年，有卫生医疗机构812个，其中二级医院5个，乡镇医院37个，共有病床2587张，卫技人员2661人。新型农村合作医疗参保率99.66%，城镇居民医疗参保率98%。

六、风物特产

（一）民风习俗

民风淳朴，世代以子弟读书为荣。主食以大米、面粉为主，辅之以玉米等杂粮粥。民间传统家庭腌制品一般有腌萝卜干、酱豆、腌菜、酸菜、腌肉、腌鱼、做酱等；传统糕点与岁时节令有关，糯米制品有年糕、元宵、粽子等，面制品有大饼、油条、馒头、包子、饺子、蛋糕等。小鱼锅贴、菜馅饼、煎饼等历史悠久，至今民众仍喜欢食用。民居多临路靠街而筑，旧时住房多为土墙、麦草或稻草苫顶，现在乡间民居多为砖木结构，也有少数为钢筋混凝土结构的楼房。进入21世纪后，城市居民大多住上了多层或高层的单元楼房。生活生产习俗颇多。生育有12天娘家送奶糖（也称送奶趟）、过满月、过周岁；婚姻有提亲、定亲、定婚期、做嫁妆、迎亲、成亲、回门等；丧葬有送终、设灵堂、报丧、入殓、出殡、安葬、做七等；建房有选址定位、择吉日开工、上梁、进宅等。

（二）地方特产

有千张、粉丝、金针菜、板栗、老鹅、西瓜、蘑菇等。沭阳是花木之乡，既是各种花卉苗木的种植基地和集散地，也是盆景制作和干花制作的基地。

七、人民生活

（一）居民收入

1978 年，农民人均纯收入 45 元，2008 年达到 5449 元；城镇居民人均可支配收入 1978 年 53 元，2008 年达到 10298 元。2008 年，在岗职工平均工资 18237 元。

（二）居民消费

随着居民收入的增加，消费水平逐步提高。食物结构发生变化，肉、禽、蛋、水产、奶制品等消费量逐年增加，粮食消费量下降，文化教育、健康投资呈上升趋势。大部分居民用上自来水、液化石油气。2008 年，城镇和农村居民恩格尔系数分别为 37.3％和 46.0％，城镇和农村居民百户家庭拥有电脑分别为 41 台和 2 台。据城乡住户抽样调查统计：2008 年，城乡居民人均消费支出分别为 7279 元和 3622 元，人均住房建筑面积分别为 35.4 平方米和 27.9 平方米。

（三）社会保障

1978 年年初，凡是县属集体工厂参照相同规模的全民所有制工厂享受劳保待遇。1985 年 1 月，对劳动合同制工人实行社会养老和医疗保险制度。2000 年，社会保险的覆盖面扩大到所有企业职工。2008 年，参加养老保险、失业保险、医疗保险分别为 44710 人、58231 人、73940 人，新型农村合作医疗参保 137.3 万人，有最低生活保障对象 6.69 万人。全年新增劳动力就业岗位 47650 个，农村剩余劳动力实现转移就业 23640 人，安置城镇职工就业 18845 人，城镇登记失业率 3.01％。

东 海 县

一、概况

(一)区位

位于连云港市西部,东与连云港市区相连,西与山东省郯城县、临沭县相接,南与新沂市、灌云县、沭阳县为邻,北隔新沭河与赣榆县相望。

(二)资源

矿产资源丰雷。至2008年年底,发现和探明的矿产有37种,其中非金属矿产29种。素有"东海水晶甲天下"之美誉,水晶总储量达30万吨、石英储量3亿吨,储量和质量均居全国之首,水晶储量占全国的70%以上,含硅量达99.99%。现存国家地质博物馆4.35吨的"水晶大王"即出自东海县。一代伟人、中国人民的伟大领袖毛泽东主席的水晶棺也主要是由东海的水晶原料精制而成。此外,玄武岩、金红石(钛矿)、蛇纹石、白云石等储量较大。

(三)环境

地属黄淮海平原东南边缘的平原岗岭地,地势西高东低,海拔2.3—125米。境内河流均属沂、沭河下游水系,拥有新沭河、淮沭新河、鲁兰河、蔷薇河、石安河、龙梁河等16条干支河流,流域面积近2000平方千米。东海县有"百湖之县"的美名,有大中小型水库63座,总库容8.90亿立方米,其中石梁河水库库容和面积位居全省第一。地处中纬度暖温带南缘,属湿润季风气候区,气候温和,无霜期长,雨量丰沛,光照充足,四季分明。

（四）面积

2008年，全县总面积2037平方千米，耕地12.67万公顷。

（五）人口

2008年年末，全县总人口111.79万人。

（六）行政区划

至2008年年底，辖21个乡（镇）、2个国有场，346个行政村、15个居委会，1个省级经济开发区和1个市级旅游度假区。

（七）民族宗教

居民中有汉、回、彝、哈尼、拉祜、苗、布依、傣、瑶、壮等34个民族。至2008年年底，全县言教群众2.18万人，其中80%的信仰基督教，其余的主要信仰天主教和佛教。

二、历史文化

（一）政区沿革

东海县历史悠久。夏、商时属徐州，西周时属青州，春秋时属鲁国东境的郯子国，战国时易为楚地。县域有明确行政建制始于秦代。秦始皇二十六年（前221）秦置郡县，境属东海郡朐县。秦至元，先后称朐县、朐山县等。明清时为海州地。抗日战争时期，陇海铁路南北并存两个东海县。1948年11月，全境解放，析县境海州、新浦二镇与连云市建立新海连特区，旋改新海连市。1950年5月，东海县与新海连市合并为新海县，同年12月又分置，东海县治东石榴村。1953年1月，东海县由山东省临沂地区改属江苏省徐州地区，10月移治新海连市海州，1957年11月，由海州迁治现在的牛山镇。1983年3月，东海县由徐州地区划归连云港市。

（二）地名由来

1912年，改海州直隶州为东海县。因东濒大海，故沿用古东海县名至今。

(三)文化遗存

县境内有大贤庄旧石器遗址、曲阳汉代古城、温泉尹湾汉墓群、房山摩崖石刻和马陵古道等历史遗址。大贤庄旧石器文化遗址的发现,表明早在5万年前就有人类在东海土地上繁衍生息。尹湾汉墓出土的简牍是中国发现最早、保存最完整的郡级性质文书档案,史学价值较高。非物质文化遗产非常厚重,飞白书法、跑马灯、姐儿溜3个民间艺术项目已申报省级非物质文化遗产名录,还有16项、242个项目申报市级非遗保护名录。

(四)人文轶事

东海历史上人文荟萃,有南朝诗人、文学家鲍照、鲍令晖兄妹,唐代诗人马戴,清代民间机智人物苗坦之、诗人汤国泰,现代散文家朱自清,当代著名版画家彦涵等。刘少奇、陈毅、粟裕、谷牧等老一辈革命家曾在东海留下战斗足迹。

三、经济发展

(一)体制改革

1992年,国有、集体企业主要采取承包的方式。1997年,全力推进国有集体和乡镇工业企业的改制,依托资源优势,大力实施"工业立县"战略。以东海经济开发区和连云港浦南经济开发区为龙头的8个工业园区蓬勃发展,工业经济主体地位日益突出。形成以硅资源加工业、食品工业、木材加工业、工艺品加工业、服装加工业为主,涉及20多个工业门类的工业结构体系。同时,大力调整农业产业结构,在稳定粮食生产的同时,重点发展果品、花卉等高效农业、观光农业。大力开展以中国东海水晶城为龙头的市场建设,使经济保持稳定、健康、有序发展。

(二)开发开放

东海县是全国首批沿海对外开放县。硅产业作为高新技术产业纳入国家发展战略,相继建成中国(东海)硅电子技术产业园、中国中材集团科技产业园，硅产业集群荣登全国百佳榜。至 2008 年年末，有各类硅制品加工生产企业 443 家，其中规模企业 98 家，总产值突破百亿元大关。硅系列产品以及粉丝等农副产品走远销世界各地，出口总额从 1990 年的 4 万美元增加到 2008 年的 1.20 亿美元。累计利用外资项目 496 个，投资额达 10.66 亿美元。

（三）经济总量

改革开放 30 年，经济高速发展，地区生产总值年均增长 15%。人均地区生产总值从 1978 年的 238 元增长到 2008 年的 11249 元，年均增长 13.70%。全县财政收入 1985 年超 2000 万元，1995 年突破亿元大关，2008 年达到 18.15 亿元，是 1978 年的 157 倍；一般预算收入 7.50 亿元；财政支出 24.40 亿元，是 1978 年的 178 倍，财政一般预算支出 17.20 亿元。

（四）农业

改革开放以来，实现由农业大县向农业强县的跨越，跻身全国农业综合实力百强县行列。2008 年，被评为江苏省农业高效建设示范县。拥有较大规模农产品加工企业 48 家，年销售收入过亿元企业 9 家。新创无公害、绿色、有机农产品品牌 33 个。至 2008 年年底，实现农业总产值 53.27 亿元，比 1978 年的 1.46 亿元增长 36 倍。农民人均纯收入 5652 元，比 1978 年的 135 元增长 42 倍。多种经营产值占农业总产值的比重达到 60.50%。

（五）工业

改革之初，仅有工业企业 192 家，主要是国有和集体企业，工业总产值 8183 万元，职工人数超过 200 人的企业有 11 家。2008 年，工业企业已发展到 9304 家，规模以上工业企业 235 家，中型工业企业 8 家，从业人员 2.40 万人，工业总产值达到 345.73 亿元，占地区生产总值的 35.80%，实现工业增加值 44.68 亿元。工业产品发展到 24 类近千种，产品销售收入 104.60 亿元，实现利税 8.40

亿元。

（六）旅游及服务业

境内有中国水晶城、西双湖风景区、房山、安峰山烈士陵园、青松岭森林公园、海陵湖、磨山抗日烈士纪念塔等诸多特色景点。羽山为东海县最高峰，海拔 269.5 米，传说是舜帝殛鲧、大禹出生之处。东海温泉，发现于唐代。明《隆庆海州志》载："博汪镇东北五里，冬夏如汤。"东海温泉井口水温达 82℃，属高温温泉，日涌水量达 5000 立方米。泉水属氟硅复合型医疗热矿水，含钠、镁、钾、氮、氡等 20 多种对人体有益的矿物质和微量元素，被国内旅游、康疗专家誉为"华东第一温泉"。连云港市温泉旅游度假区位于县城西北 7 公里处，获得"中国旅游名镇""中国十大温泉休闲基地""港城八大旅游景区"等荣誉称号，2008 年全年接待游客 90.3 万人次。

截至 2008 年年末，建有亿元以上商品交易市场 6 个，集贸市场 104 个，个体工商户 15696 户；金融机构各项荐款余额达 86.32 亿元，是 1978 年的 288 倍，各项贷款余额达 40.08 亿元。

四、基础设施建设

（一）城乡建设

2008 年，中心城区面积达到 28.90 平方千米，主次干道由 1978 年的 9 条增至 53 条，兴建金牛公园、人民广场、湖滨公园等公共休闲场所。城镇绿化覆盖率和亮化率分别达到 39.70％和 98％。桃林等 4 个镇成为省级重点中心镇，创建 5 个市级城市化示范镇和 7 个设施完善的新农村康居示范村。城市化水平达到 33.30％。农村自来水普及率达 53.78％。

（二）交通

水陆空交通兼备。连云港民航机场座落境内。东陇海铁路，连霍（连云港—新疆霍尔果斯）、同三（黑龙江同江—海南三亚）高速，310、204 国道贯穿县境。县乡村道路全面畅通，公路总里程

2926公里。内河航道总长172公里,可抵长江、京杭大运河。2008年年末,全社会客运量1414万人,货运量653万吨,两项均是1978年的15倍。

(三)水利

2008年,农田水利基本建设总投资1.18亿元,有效灌溉面积10万多公顷。

(四)邮政信息

至2008年年末,邮电业务总量达3.37亿元,比1978年增长1086倍。固定电话用户21.55万户,移动电话用户36.80万户,互联网用户4。15万户。

(五)电力

2008年,建有35千伏以上变电所26座,电网统调最高负荷由1983年的3.30万千瓦增加到20.43万千瓦,全社会用电量由1983年的9607万千瓦时增加到10.93亿千瓦时。

五、科教文卫

(一)科技

1978年9月县科学技术委员会设立。1988年,在江苏省各县(市)中最早提出"科技兴县"的战略构想。1995年被国家科委授予"全国科学技术工作先进县"称号,2005年被科技部列为全国首批科技富民强县试点县,2008年被科技部表彰为全国科技进步考核先进县。有专业技术人员31845人,共组织实施省级以上科技项目28项。1978—2008年,累计获得各级科技进步奖204项,其中国家科技进步奖4项。

(二)教育

1978年有学校938所,学生201451人,教师4986人。1992年,通过基本普及九年制义务教育和基本扫除青壮年文盲的"两基"达标验收。1999年,普及高中教育。2007年,全面实施特殊教育学校办学硬件设施改造工程，建成省示范幼儿园6所，市一类园10所。2008年，有学校294所，学生211413人，专任教师11613人。义务教育巩固率100%，小学学龄儿童入学率100%，初中毕业升学率95.05%。

（三）文化

1979年，在县城中心地段建成占地6000平方米的工人文化宫，设有灯光球场、露天电影场、图书阅览室、舞厅等。2006年，在县城中心建成面积4000平方米的图书馆和3800平方米的文化馆综合楼。1992年被省政府首批命名为全省群众文化先进县，1993年被文化部命名为中国民间艺术之乡（儿童版画）。2005年，投资1500万元建设晶都文化广场，成为文化产业新的聚集区。2006年被授予全国少儿版画创作基地。2007年，投资4600万元建成县青少年科技活动中心和少儿版画活动中心。

（四）卫生

1978年，共右县级医疗机构1个，公社卫生院20个，卫生防疫站1个，其他卫生事业机构3个，卫生技术人员1214人，床位数862张。1995年，县人民医院被卫生部审定为二级甲等医院。至2008年年底，拥有医疗卫生机构532个，其中县级医院3个，乡镇卫生院21个，村卫生室428个，卫生工作人员共4283人，其中卫生技术人员2419名，床位数1302张。新型农村合作医疗参合率达97%，369个公立一级以上医疗机构参加医疗责任保险覆盖率为100%。常住人口平均寿命74.50岁，其中男性72.10岁、女性77.20岁。

（五）体育

1978—2008年，承办全国性体育比赛6次，省市比赛30次，国际交流1次。1991年被命名为江苏省体育先进县，1992年被命名为全国体育先进县。2007年，县政府投资1.20亿元兴建新体育中心，中心建有游泳馆、网球场、田径场、门球场、篮球场等。

六、风物特产

（一）民风习俗

东海县与山东省为邻，因此，苏北和鲁南的民间习俗兼而有之。生育方面有新生、喜蛋、报喜、送奶糖、改案、满月、起名、躲尿窝、过百日、周岁等习俗，婚俗有定亲、聘礼、定婚期、催妆、迎亲、哭嫁、成亲、回门等，丧葬习俗有倒头、破孝、入殓、扫灵、吊唁、送汤、出殡、安葬、朝陵、复三、做七、打七、望五七、换饭、添新坟、烧库、服孝等。春节、元宵节、端午节、六月六、乞巧节、七月十五、中秋节、重阳节、十月朝、送灶、除夕等有各种岁时习俗。

（二）地方特产

地方特产丰富，除东海水晶外，还有东海大米、东海老淮猪肉、鹿茸酒、花生、粉丝、黄川草莓、石梁河葡萄、桃林烧鸡等。2008 年 10 月，“东海大米”获国家地理标志产品保护。

（三）特色节会

1991－2008 年，成功举办 10 届中国·东海水晶节，促进对外交流，推动经济社会发展。2008 年，成功举办首届中国尊东海花卉博览会，打造“华东花都”的新形象。东海县黄川镇被誉为“中国草莓第一镇”。素有“苏北吐鲁番”之称的石梁河镇，盛产葡萄等干鲜果品，2006—2008 年举办 3 届石梁河葡萄节。

七、人民生活

（一）居民收入

农民人均纯收入 1978 年 135 元，1988 年 614 元，1998 年达到 2999 元。2007 年城镇居民人均可支配收入 9373 元，2008 年达到 11239 元。

（二）居民消费

2008 年，城镇和农村居民家庭恩格尔系数分别为 36.3% 和

37.8%,城镇和农村居民百户家庭拥有电脑53台和13台。1978年农民人均消费支出118元,2008年达到3865元;城镇居民人均消费支出7977元;城、乡居民人均住房建筑面分别为37.30平方米、32.50平方米。

(三)社会保障

1986年,开始在企事业单位建立养老、医疗以及工伤、生育、失业等保险制度,截至2008年,企、事业单位参保达到5.25万人。1993年,建立农村养老保险制度,2008年,参保达到25万人,有2082名农村居民领取养老金。截至2008年,参保城镇居民基本医疗保险达到56012人,共为8121名企业离退休人员发放养老金57354万元,为5918名机关事业单位离退休人员发放养老金13189万元。

连 云 港 市

一、概况

（一）区位

位于中国东部沿海中部、江苏省东北部，东濒黄海，北连山东，南接徐州、宿迁、淮安、盐城，地处北纬 34°12′—35°07′、东经 118°247′—119°487′之间。是新亚欧大陆桥东方桥头堡，也是中国连接南北、沟通东西的重要枢纽城市。

（二）资源

农业、海洋、矿产资源优势明显。2008 年年底，陆上动物主要为人工饲养的畜禽品种；有 12 科、18 属、90 多个品种；有各种鸟类 225 种，其中国家珍稀保护鸟类 31 种。拥有全国八大渔场之一的海州湾渔场、全国四大海盐产区之一的淮北盐场，是全国最大的紫菜养殖加工基地、河蟹育苗基地和对虾养殖基地。前三岛海区为江苏省唯一的海珍品基地。已探明矿产资源 40 余种，其中磷、蛇纹石、水晶、石英等饮誉中外。东海县水晶储量、品位居全国之首，是中国最大的硅产业基地和水晶工艺品、硅微粉、碳化硅等产品主要加工和出口基地，东海水晶市场是世界上最大的水晶集散地，被誉为“中国水晶之都”。

（三）环境

地处鲁中南丘陵与淮北平原结合部，地貌基本分布为西部岗岭区、中部平原区、东部沿海区和云台山区四大部分。有大小山峰 214 座，其中云台山主峰玉女峰海拔 624.4 米，为江苏省最高峰。拥有标准海岸线 161.6 公里，大陆海岸线 176.5 公里，其中基岩海岸为江苏省独有。江苏省境内仅有的9个海岛全部分布在连云港海域，其中最大岛屿东西连岛面积7.60平方千米。连云港市属暖温带海洋性季风气候，兼有暖温带和北亚热带气候特征，四季分明，冬无严寒，夏无酷暑。1978—2008年，平均气温14.10℃，年降水量883.60毫米，常年无霜期220天。2008年，平均气温15℃，降水量1002.30毫米。市境处于淮沂沭泗流域最下游，沂沭泗重要的入海河道新沂河、新沭河经市境入海，汛期要承泄巨量洪水过境入海，是著名的“洪水走廊”。

（四）面积

市域东西最大横距129千米，南北最大纵距132千米，面积7444平方千米。

（五）人口

1978年，全市总人口274.5万人，其中市区人口35.91万人。2008年，总人口488.30万人，其中市区80.90万人。

（六）行政区划

1978年，连云港市辖新浦、海州、连云、盐区4个区。1983年1月，江苏省实行市管县体制，原属徐州地区的东海县、赣榆县和原属淮阴地区的灌云县划归连云港市。1996年8月，原属淮阴市的灌南县划入。2001年，撤销云台区。2008年年底，连云港市辖赣榆、东海、灌丢、灌南4个县和新浦、海州、连云3个区及国家级连云港经济技术开发区。新浦区为市政府所在地。

（七）民族宗教

2008年，全市共有汉、蒙古、回等49个民族，其中汉族人口占99.8%。有佛教、道教、伊斯兰教、天主教、基督教5种宗教。

（八）市树市花市歌

市树为银杏，市花为玉兰，市歌为《在海一方》。

二、历史文化

(一)政区沿革

秦代在境内海州置朐县,属东海郡。东魏武定七年(549)始称海州。唐代以后,除元代一度称海宁州外,其余各朝基本上延称海州。清雍正二年(1724),升为直隶州。1912 年,改称东海县。1933 年,设东海行政区。民国 24 年(1935),设置连云市,是江苏建制最早的省辖市之一。1948 年 11 月 7 日,连云港地区解放,设立新海连特区,隶属山东省鲁中南行署。1949 年 11 月,建立新海连市,改属山东省临沂专区。1950 年 5 月,新海连市和东海县合并为新海县,年底恢复新海连市和东海县建制。1953 年 1 月,划归江苏省徐州专区。1962 年 6 月,复改为省辖市。

(二)地名由来

民国 22 年(1933),与陇海铁路相衔接的东端海港建成,因面向连岛、背倚云台山而取名为连云港。1961 年 10 月,新海连市因港改称连云港市。

(三)文化遗存

连云港文化积淀深厚。5 万年前该地区就有人类活动,六七千年前就有先民从事农耕。被誉为"东方天书"的将军崖岩画,经考证确认为 7000 年前的少昊氏祭天遗迹,是江苏省岩画的代表。境内大伊山石棺墓群距今 6500 年前,是中国迄今发现规模最大、时间最早的石棺墓群。国内迄今发现的首例具有内外城双重结构的史前城址"藤花落"龙山文化遗址,是 2000 年度中国考古十大新发现之一。春秋战国时期,齐、鲁、吴、楚文化对此地有很大影响。"吴歌楚语海山间"(金党怀英《朐山道中》)道出了此地受南方文化影响的史实。位于苏马湾的西汉琅琊界碑是中国迄今发现最早的界域石刻。2007 年,出土于东海尹湾汉墓的 9 种西汉简牍入选《国家珍贵古籍名录》。东汉时期的艺术珍品——孔望山佛教摩崖造像，据考证比敦煌莫高窟还要早100—200年。孔子曾登山观海留下文化遗存“孔望山”。秦始皇四次东巡，三次到此并立石建有“秦东门”。唐太宗往东途中曾驻足宿城。赣榆方士徐福寻求不老仙药自此扬帆东渡扶桑。

（四）人文轶事

中国古典名著《西游记》《儒林外史》《镜花缘》，都与连云港历史有着不解之缘。陶渊明、李白、苏东坡、石曼卿、沈括、李清照、吴承恩、李汝珍、吴敬梓、朱自清等文人高士、诗家骚客都在连云港留下遗迹。2008年年底，全市拥有县级以上文物保护单位128处，其中国家级5处、省级20处、市级47处。

三、经济建设

（一）体制改革

中共十一届三中全会之后，贯彻国民经济“调整、改革、整顿、提高”八字方针，实行改革开放。在农村推行联产承包责任制，鼓励多种经营，积极发展乡镇企业；在工业以及交通运输业领域大力挖潜、革新、改造，港口建设重点由改造老港区转向开发新港区。按照计划经济为主、市场调节为辅的方针，对传统的集中统一的计划管理体制进行改革，逐步建立起指令性计划、指导性计划与市场调节相结合的计划管理体制，扩大地方和企业在人、财、物等方面的自主权，大力发展集体和个体经济。到1990年，计划管理产品的产值比重仅占8%－10%。在改造传统行业的基础上初步形成医药、化工、纺织、食品加工及建材五大新兴支柱产业。2000年，在全省率先开展行政审批制度改革，建立行政审批服务中心，实行集中审批。进入21世纪，全市在加快国有企业改革、完善股份制改造、深化融资体制改革、推进农村改革等方面均取得重大突破，经济建设开始进入加速增长期，特别是新医药、新能源、新材料等一批具有发展潜力的企业崛起，有力拉动社会经济快速发展。

(二)开发开放

1984 年,国务院批准连云港市为全国首批 14 个沿海对外开放城市之一,并批准设立国家级连云港经济技术开发区;引进全市第一家外商投资企业、江苏省最大的食品合资企业——中日合资江苏三得利食品有限公司,投资总额达到 5000 万美元。此后几年,陆续兴建连云港至宿城公路隧道、拦海大堤、民航站候机楼等重大基础设施工程,新上全国三大碱厂之一的连云港碱厂、药用包装等一批工业项目。1990 年,新亚欧大陆桥全线贯通。1992 年邓小平南方谈话以后,全市对外开放力度进一步加大,个体经济、私营经济等“非公”经济和其他各种混合经济成分从无到有、从弱到强,初步形成经济成分多元化、经济运行市场化、企业行为自主化的多种所有制经济共同发展的新格局。2005 年,确立“一体两翼”组合大港、“一纵一横”产业走廊、“一心三极”海滨城市发展框架,提出“战略东进,拥抱大海”的发展战略,拉开新一轮大开发、大逵设、大发展序幕。2008 年,进出口商品总额 44.50 亿美元,其中出口总额 22.90 亿美元。与 200 多个国家和地区发展贸易关系;出口产品 1300 多种,遍布 100 多个国家和地区,出口生产企业 200 多家,涉外服务人员 5 万余人。1984—2008 年,累计新签利用外资合同 3695 项,实际利用外资 55.10 亿美元。2008 年,民营经济完成增加值 382.55 亿元,占地区生产总值比重达到 51%;实现税收 47.43 亿元,占全部税收的 47.60%。

(三)经济总量

地区生产总值从 1978 年的 10.45 亿元增长到 2008 年的 750.10 亿元,年均增长 10.40%;财政总收入由 1978 年的 1.86 亿元增长到 2008 年的 180.60 亿元,年均增长 16,50%;第一、二、三产业比例由 46.10∶36.8∶17.10 调整到 16.40∶47.30∶36.30。

（四）农业

连云港市是国家重要的粮棉油、林果、蔬菜等农副产品生产基地01978年，全市耕地320.45千公顷，粮食播种面积362.34千公顷，粮食总产量120.24万吨。1984年以后，粮食总产量稳定在200万吨以上。1998年，调整农业结构，压缩粮食种植面积，发展蔬菜等经济作物和畜牧业生产。2000年，农产品质量建设全面启动，生态农业得到发展。2008年，全市耕地372.08千公顷，粮食播种面积472.67千公顷，粮食总产量32010万吨，人均粮食占有量717千克，居全省各市之首。全市拥有农业机械总动力301.30万千瓦，平均每千公顷耕地达0.80万千瓦。建成市级以上农业标准化示范区36个，无公害、绿色、有机食品品牌230个，无公害水产品总数45个，无公害水产品基地面积2.47万公顷。

（五）工业

1978年，工业增加值3.40亿元。自1984年设立国家级经济开发区之后，以开发园区为基地，以发展特色产业为重点，以产业集聚为纽带，逐步构建沿海和沿东陇海线的“T”形产业布局:“九五”时期，加快现代企此制度建设和投、融资体制改革，企业竞争力提高，涌现一批大型骨干企业和企业集团。经过多年发展，初步形成农副食品加工业、化学原料及化学制品制造业、医药制造业、非金属矿物制品业、电力热力的生产和供应业五大特色支柱行业，其中新医药、新材料、新能源“三新”产业优势明显。新医药产业拥有恒瑞医药和康缘药业两个上市公司，是全国最大的抗肿瘤、抗肝炎药生产基地。到2008年，全市工业增加值达到281.29亿元，是1978年的82.70倍，其中规模以上工业完成增加值271.04亿元；工业总产值973.98亿元，是1978年的117.20倍；工业企业实现利税130.80亿元，是1978年的67.40倍。工业企业总数近2万家，规模以上工业企业1262家，其中大中型工业企业58家，销售收入过亿元企业165家。拥有各类开发园区14个,其中国家级1个、省级9个。

(六)服务业

1978年以后,商业领域经营、物价、用工、分配"四放开"和地区、城乡、部门"三开通"的新局面逐步形成。1980年,全市个体工商户760户,从业人员760人。1988年开始,对国有、集体商业经济进行全方位改制,绝大部分国有企业、集体企业改制为股份制企业相私营企业。改制后的商贸业进入发展快车道。1990年后,以兴建海州白虎山工业品市场、东海水晶城为标志,市场建设步入规模化、规范化的大发展阶段,逐步形成工业品消费市场、工农业生产资料市场、生产要素市场等门类齐全、布局合理、功能比较完备的市场网络。1994年兴建的国际商城市场群年成交额突破20亿元。1997年年底,北京新国道连云港超市开业。1999年,全市第二家全国性商业连锁机构——苏果超市进驻新浦,随后时代超市、五星电器、苏宁电器、大润发、中央百货等一批全国性商业连锁机构相继进驻连云港。中心城区新浦不足1平方千米的一级中心商圈,集中了全市几十家大型商场、超市、快餐店。陇海商业步行街荣获"中国最具升值前景商业街"称号。2008年,全社会消费品零售总额310.44亿元,相当于1978年的83.50倍;有规模以上商品经营网点640个,商业服务从业人员22万人。

(七)旅游

连云港是全国49个重点旅游城市和江苏三大旅游区之一,自古以来素有"东海第一胜境"之称。旅游资源可以概括为"一身名牌",主要包括名海(黄海)、名山(花果山和孔望山)、名水(温泉)、名石(水晶)、名书(《西游记》)、名竹(金镶玉竹)、名井(亚洲第一科研钻探深井)等。从20世纪90年代以后,连云港之夏、《西游记》文化节以及花果山、连岛、孔望山、渔湾等旅游品牌唱响全国,成功创建国家级旅游城市。2008年，全市拥有名胜风景区20余个，其中AAAA级景区5个，星级宾馆饭店66家，全年接待游客76.16万人次，旅游总收入116.64亿元。

四、基础设施建设

（一）城乡建设

1984年连云港被列入国家首批沿海开放城市之后，城市建设的重点在东部的连云区、国家级经济技术开发区以及西部的新浦区，建成一批道路、广场等城市基础设施。城市普及供水到庭院，逐步取消售水站。1987年，开工建设城市煤气工程，城市供暖开始起步。20世纪90年代，拓建和新建朝阳路、郁州路、幸福交通广场等一批城市道路、广场和桥梁，完成蔷薇河送清水工程，整治排水设施，新建自来水厂，扩大城市燃气用户，新建一批住宅小区，城市面貌有很大改观。1997年建成的苍梧绿园，占地28万平方米，是全省城区内最大的综合性市民广场。进入21世纪，市委市政府提出建设“国际性的海滨城市、现代化的港口工业城市、山海相拥的知名旅游城市”发展目标，大力实施战略东进，明确以新浦城区、东部城区和赣榆县城为三极，以海滨新城为核心的“一心三极”城市布局。东部海滨城区建设迅速启动，新海城区旧城改造步伐加快，港城大道、凌州广场、西气东输天然气利用工程等建设项目陆续建成，国展中心、新银双厦、行政中心大楼投入使用。盐河绿化带、“金镶玉竹”进城等城市园林绿化工程扎实推进，城市生态环境和人居环境明显改善。城市商品房、经济适用住房、廉租住房的多层次供应体系逐步完善，居民住房条件明显改善。县城和中心镇建设步伐加快，建成一批宜居、宜商的新型小城镇。成功创建中国优秀旅游城市、国家环保模范城市、省级园林城市、省级文明城市。1978—2008年，全社会固定资产投资累计达2962亿元，相当于中华人民共和国成立至1977年累计投资的378倍。其中，2008年城乡建设完成投资150亿元，中心城区完成投资80亿元。2008年，市区面积1126.40平方千米，市区建成区面积95平方千米，相当于1984年的5.70倍。建成区园林绿地面积达到3442公顷，相当于1984年的47.80倍。城市污水处理率达到97.72%。农村自来水普及率98%。城市化水平达到42%。

（二）交通

连云港市是7个国家级综合运输枢纽之一，已形成以港口、铁路、公路、内河、航空为主体的立体交通运输网络。连云港港是中国沿海十强、全球百强集装箱运输港口之一。2004年，连云港开通江苏省第一条至韩国海上客货班轮。2005年，提出发展“一体两翼”组合大港，将北侧的柘汪、南侧的灌河口港口纳入到连云港港发展，形成组合大港。到2008年，连云港港建成泊位44个，其中万吨级以上泊位39个，设计年吞吐能力6045万吨，与世界120多个国家和地区的600多个港口有通航贸易往来。2008年，港口完成货物吞吐量10060万吨，跻身亿吨大港行列。连云港是全国45个公路主枢纽之一，境内公路总里程9988千米，密度133千米/百平方千米，每万人拥有公路里程20,80千米。有沈阳至海口、长春至深圳、连云港至霍尔果斯三条国家高速公路以及规划建设的连云港至宿州高速公路在此交汇，形成沟通东西、连接南北的“两纵两横”高速公路骨架网，高速公路通车里程288千米，密度3.84千米/百平方千米。3条国道、8条省道穿越境内，国、省道干线公路通车里程588千米。建成农村公路6600千米，全市所有乡镇、行政村通水泥路或沥青路。全市内河定级航道84条，总里程1138千米，通过盐灌船闸实现了海河联运。境内铁路全长99248米，1990年，新亚欧大陆桥全线贯通，开通至俄罗斯莫斯科集装箱班列。连云港民航机场是全国建成较早的4D等级机场，已开通至北京、上海、广州、深圳、厦门、沈阳、武汉、温州等航班。

（三）水利

2008 年，主要河流有新沂河、新沭河、通榆河、蔷薇河、盐河等干支河道 53 条，其中直接入海河道 17 条。有大型水库 3 座，占全省的一半，总库容 5.31 亿立方米的石梁河水库是江苏省最大的水库；中型水库 8 座，占全省的 1/4；小型水库 135 座，占全省的 1/60有大中型涵闸 66 座，占全省的 1/5；大中型排灌站 14 座，占全省的 1/905 万亩以上灌区 15 处，设计灌溉面积 316.11 万亩，有效灌溉面积 269.84 万亩，其中沭新、沭南、石梁河、小塔山四大灌区设计灌溉面积达 166.68 万亩；1 万—5 万亩灌区 17 处，设计灌溉面积 41.98 万亩，有效灌溉面积 29.49 万亩。建有主要河道堤防 504 千米，一线海堤 137 千米。全市已初步形成防洪、挡潮、灌溉、排涝、降渍五大水利工程体系。

（四）邮政信息

1978 年，市区邮电固定资产仅 292 万元，到 1988 年增加到 3054 万元。1988 年，全市共设邮电局 113 处，邮运线路总长 10334 千米，基本形成紧密衔接的邮运体系。1998 年，邮政与电信分营。进入 21 世纪，移动通信、图像通信及光纤光载通信等邮电通信事业发展迅猛。电信业从最初的电话、电报业务发展成包括无线寻呼、移动电话、会议电视、可视电话、计算机互联网等在内的庞大电信业务家族。2008 年，固定电话总数 137.30 万户，小灵通用户 27.20 万户，移动电话用户 181.60 万户，互联网宽带接入用户 25.97 万户。邮电通信业务收入达到 25.16 亿元，相当于 1978 年的 1002.37 倍。邮政发送函件 2230 万件。

（五）电力

1978 年，新海发电厂（现名为江苏新海发电有限公司）发电容量 8.6 万千瓦，年发电量 3.90 亿千瓦时。2008 年，江苏新海发电有限公司完成发电量 53.40 亿千瓦时。1999 年，江苏田湾核电站开工建设，该项目是"九五"期间开工建设的全国司点工程之一，也是中俄两国最大的技术经济合作巧目。一期工程建设2台单机容量106万千瓦的信罗斯AES－91型压水堆核电机组，设计寿命40年是国内单机容量最大的核电机组。核电站于2001年投入商业运行，2008年发电140.70亿千瓦时，网电量131.19亿千瓦时。

五、科教文卫

（一）科技

1977年，恢复市科委。1989年，提出"科技兴市"发展战略。20世纪90年代，坚持以市场为导向、调整为主线、创新为动力，加大投入，大力推进高新技术产业化和现有产业的高新技术化，技术创新工作取得丰硕成果。进入21世纪，在电子信息、生物工程和新医药、新能源、新材料领域大力开发高新技术产品，培育和发展高新技术企业。2008年，新上国家和省科技计划项目125项，其中国家级项目41项，共获批科技拨款9753万元；专利申请量和授权量分别达到1453件和342件；规模以上高新技术产业产值200.80亿元，占规模以上工业产值的比重20.60%。国家新材料高技术产业基地授牌，神鹰碳纤维一期工程投产。中复连众2兆瓦风电叶片下线，国家新医药产业基地成为省重点支持创建的百亿产业基地，716研究所跻身省知识产权战略推进计划单位行列。新增省级以上企业技术中心3家，获批国家重点新产品5个、省高新技术产品26个。成功引进中国科学院先进能源动力技术研发中心，建成市高新技术产业区科技创业园和科技成果转化中心，国家级博士后工作站达7家。

（二）教育

1978年，全市小学在校生53.12万人，普通中学在校生20.84万人。1984年，推行年满6周岁半学龄儿童全部入学制度。1986年，开设培智班，安排残疾儿童入学。1990年，市区启动小学学制

“五改六”工作，1996 年全部实施小学六年制教学。1998 年秋季起，废除小学升初中考试。1998 年，试点“民办公助”办学体制。1999 年秋季开始，初、高中办学分离；在市职业大学、职教中心的基础上组建连云港职业技术学院，在连云港教育学院、海州师泡学校和连云港师范学校的基础上组建连云港师范高等专科学校。2001 年，实施新浦地区“八所学校联动工作”。2008 年，有幼儿园 420 所，在园幼儿 16.1 万人，教职工 5932 人；普通小学 494 所，在校生 33.46 万人，专任教师 2.11 万人；普通中学 200 所，在校生 35065 万人，专任教师 2.08 万人。学龄儿童入学率 100%，初中入学率 99.99%；初中毕业升学率 95.51%。职业中学 12 所，在校生 23.61 万人；中等专业学校 5 所，在校生 5.33 万人；普通高等学校 3 所，在校生 2.76 万人，专任教师 2733 人。成人初等学校 39 所，在校生 3279 人；成人中等学校 90 所，在校生 14624 人；成人高等学校 3 所，在校生 3588 人。特殊教育学校 7 所，在校生 925 人，其中聋哑学校 5 所，在校生 785 人。

（三）文化

改革开放之后，文化艺术事业得到较快发展。1997 年开始，每年举办一届“连云港之夏”旅游文化节。2002 年之后，政府投资 1.50 亿元，建成建筑面积 37000 平方米的市文化艺术中心；投资 6500 万元，建成建筑面积 13600 平方米的市博物馆新馆。市京剧团、歌舞剧院赴日本、韩国、西欧等国家和地区演出，传播中华文化；举办灯会、文艺晚会、书法展、绘画展、摄影展及设立“大家唱”激情广场、戏曲广场、健身广场等专题广场文化活动，丰富群众文化生活。“海州五大宫调”入选全国首批国家级非物质文化遗产名录，工鼓锣、僮子戏、汤沟酒醺造技艺等入选江苏省非物质文化遗产保护名录。奎云港籍音乐家王咏梅在北京人民大会堂举办个人音乐作品演出专场。2008 年，全市有寺业艺术虱体 8 个，文化馆 8

个，博物馆、纪念馆 9 个，公共雪书馆 7 个，新华书店 5 个，剧场、影剧院 5 个；拥有电视台 5 座，广播电台 1 座，调频发射和转播台 6 鍙，电视发射和转播台 19 座，有线电视用户数 2.71 万户。全市拥有全国重点文物保护单位 5 个，省级文保单位 20 个，博物馆文物藏品 16243 件。全市各乡镇都设有文化站、文化中心，建成村曼文化室 844 个，建成农家书屋 650 个。

（四）卫生

1978 年，全市有卫生机构 431 个，其中医院、卫生院 135 个；卫生技术人员 6900 人，其中医生 2000 人；医院、卫生院床位 4800 张。改革开放后，医疗卫生条件得到极大改善，逐步建立一系列三疗、预防、妇幼保健、中医针灸等医疗机构，形成亘及城乡、布局合理的医疗卫生网。各大医院现代二的门诊楼、病房楼纷纷投入运行。全市致力于加强农村卫生、公共卫生体系建设及重大疾病预防控制、卫生改革等重点工作，医疗卫生服务规模、服务水平得到有效改善和提高。2008 年，有卫生机构 800 个，其中医院、卫生院 164 个，有三级甲等医院 2 个，二级甲等医院 7 个，二级乙等医院 2 个，二级医院 10 个；卫生技术人员 13369 人，其中执业医师 5465 人、注册护士 4818 人；医院、卫生院床位 11345 张。新型农村合作医疗制度实现各县区全覆盖，参合 331 万人，参合率 99.80%。

（五）体育

改革开放以来，群众体育活动蓬勃开展，竞技体育实力进一步增强，体育基础设施建设步伐加快，体育产业规模不断壮大，体育科教水平逐步提高。承办世界沙滩排球巡回赛、全国武术散打冠军赛、第十届全国运动会沙滩排球和武术散打等项目比赛，市体育中心、体校和县体育中心工程纷纷上马建设和建成投入运行。开展以“全民健身与奥运同行”为主题的群众体育活动，举办第五届农民体育节、第四届社区体育节、第三届老年人体育节等，承办全省第六届农运会暨全民健身运动会舞龙、健身秧歌、拔河、太极拳、门球及江苏省钓鱼高手赛等。在省第六届农民运动会上，连云港市农民代表队获得团体总分第一名。44个乡镇被省命名为体育强镇（乡），全市体育强镇（乡）比例达到66%。在2008年北京残疾人奥运会上，5名连云港籍残疾人运动员取得4金2银2铜的战绩，实现连云港市残奥奖牌零的突破。

六、风物特产

（一）民风习俗

连云港曾以“淮口巨镇”“东海名郡”著称，悠久的历史渊源和特殊的地理位置，造就南北文化、海陆文化于此融合，境内既有淮海地区的基本民俗特色，又具海滨地区惯有的习俗风貌，历经长期掺杂糅合，形成自身特有的民风习俗。长期形成的婚嫁、生育、丧葬、建房以及岁时节令等诸多习俗仍在民间沿袭，剪纸、扎风筝、淮海戏、玩龙船、跳财神等民间艺术和民俗文化仍在民间流行并受到保护和传承。佛道文化与民间习俗相互交融形成的海州白虎山庙会，至21世纪初仍是苏北、鲁南地区规模最大、时间最长的物资交流大会。

（二）地方特产

连云港云台山区盛产的云雾茶为江苏三大名茶之一，金镶玉竹、珊瑚菜是江苏省珍稀名贵特产；沿海盛产东方对虾、梭子蟹、黄鱼和各种贝类、藻类；淡水产品鳜鱼、白虾、银鱼、河蟹等久负盛名。农副产品有花生、银杏、板栗、樱桃、草莓等；土特产品有葛藤粉、粉丝、汤沟酒、汪恕有滴醋等；地方名吃（点）有花果山风鹅、赣榆煎饼、灌云豆丹、桃林烧鸡、地产凉粉等。黑陶、贝雕、草编等手工艺品遐迩闻名。

七、人民生活

（一）居民收入

1978年，全市农民人均纯收入116元，生活处于贫困状况。

2008年，农村居民人均纯收入达到5454元，比1978年增长46.01倍。1978年，城市居民人均可支配收入273元，在岗职工人均工资494元。2008年，城市居民人均可支配收入15255元，比1978年增长54.88倍；在岗职工人均工资26596元，比1978年增长52.84倍。城乡居民储蓄存款由1978年末的0.38亿元，增加到2008年末的398.42亿元，增长1047.47倍。城乡居民人均储蓄存款达到8160元，相当于1978年的697倍。

（二）居民消费

改革开放初期，城乡居民消费结构基本以吃、穿为主。到20世纪80年代，“凭票供应”时代逐步退出历史舞台，城市家庭“万元户”不断涌现，居民消费从“生存型消费”转向“发展型消费”，当时社会上电视机热、冰箱热、洗衣机热，以及建房热、装修热“一浪高过一浪”。进入20世纪90年代，居民用于食品方面支出的绝对额持续增加，但比重逐年减少，用于娱乐、教育、文化服务等发展和休闲享受型资料消费不断上升。2008年，市区居民人均消费10598元，是1984年的19.78倍；农村居民人均消费3746元，是1984的9.20倍。城市居民人均住房使用面积24.90平方米，农民人均住房面积31.80平方米；全市私人拥有民用汽车90509辆，其中载客汽车49165辆；市区城镇居民家庭每百户拥有家用电脑68台。

（三）社会保障

1986年，开始提取劳动合同制工人退休养老基金。1988年，企业实行职工退休费用社会统筹。1990年，开始对外商投资企业的中方职工收缴退休养老基金。1998年，养老保险覆盖到私营企业和个体工商户，城镇企业职工养老保险覆盖面达到98.14%。2000年，开始实行医疗保险制度，在城镇基本建立养老、医疗、失业、工伤和生育保险等五项社会保险制度，全面实施最低生活保障制度。2008年，参加企业养老保险34.95万人，城乡企业基本社会保险覆盖率 94.30%；城乡低保对象 14.10 万人，农村五保对象集中供养率 65.70%；参加医疗保险单位 5858 家，涉及职工 43.60 万人；失业保险参保 39 万人，18499 名失业人员及时足额领取失业保险金，年末城镇登记失业率 3.03%；参加工伤保险 29.90 万人，生育保险 27.10 万人。

赣　榆　区

一、概况

(一)区位

地处江苏省最东北端,连云港市北部,东滨黄海海州湾海域,南邻连云港市区和东海县,西、北与山东省临沭县、莒南县、日照市接壤。县城青口镇。

(二)资源

境内优势非金属矿产有:大理石,总储量4.84亿立方米;花岗石,总储量156.82亿立方米;黄砂,总储量23.25亿立方米;蛇纹石,总储量14.09亿吨;硅石,总储量5.58亿吨;瓷石、陶土,总储量2.03亿吨。

(三)环境

赣榆县属北温带半温润海洋性季风气候,四季分明。日照时数2631.40小时,平均气温13.20℃,年降雨量976.40毫米,无霜期213.90天。地势呈西北部高,东南部低。境内有大小河流18条,其中跨境排洪河4条、运河1条、排涝河13条,河流多自西北向东南流入海州湾。海岸总走向北高南低,其地貌特征以兴庄河口为界,南为粉砂淤泥质海岸,北为砂质海岸,海岸线总长62.50公里,其中砂质海岸长30.70公里,为江苏省最长的砂质海岸。沿海滩涂面积1.53万公顷,浅海域7.20万公顷,近海渔场7000平方公里。近海中的秦山岛,面积0.20平方公里。

(四)面积

总面积1427.27平方公里,其中耕地6.71万公顷。

（五）人口

2008年年末，总户数33.99万户，户籍人口109.95万人，其中非农业人口47.70万人。

（六）行政区划

全县设18个镇，辖424个村委会、33个居委会。

（七）民族宗教

汉族人口占总人口的99.96%，余为回、满、朝鲜、藏、蒙古等少数民族人口。全县有基督教、天主教、伊斯兰教、佛教、道教5种宗教，信教群众1.4万—1.5万人，其中信仰基督教的占一半。

二、历史文化

（一）政区沿革

秦置赣榆县，治郁州，隶琅琊郡。东汉建初五年（80）归东海国。建安三年（198）废赣榆县而升利城为郡。晋太康元年（280）复置赣榆县，梁中大通二年（530）于今县地置怀仁县，隶南北二青州。清初隶江南省淮安府，雍正二年（1724）升海州为直隶州，赣榆属之。1912年废直隶州，赣榆县属江苏省，1934年隶东海专署。1940年11月，赣榆县抗日民主政府成立，隶山东省滨海专署。1945年11月，改名竹庭县。1950年10月，滨海专署改称临沂专署，复名赣榆，仍隶之。1953年1月，划归江苏省，隶徐州专区，1983年3月改隶连云港市。

（二）地名由来

赣榆县得名于古代天文中心。上古时期，在今赣榆及周边地区，生活着一支以观测天象为主要工作的东夷部族，以“章”通“赣”作为族徽。他们的职责是观测天象运行规律，然后用锲刻的方式记录下来，这种行为称作“揄”。一个叫“赣”的古老部族，进行着“揄”的观测天象的行业，创造了中国最原始的历法，由此在东方海滨形成了一个声名远播的天文中心，久而久之，这个天文中心就成为地名，称作“赣揄”，音读为“盖余”。汉以后“揄”字写为“榆”。

（三）文化遗存

境内文化遗址有：夹山汪于旧石器时代文化遗址，后大堂、青墩庙、庙台子、大台子、苏青墩新石器时代文化遗址，茅墩圈商周时代文化遗址，茅子庵、大辛庄、黑林河西西周时代文化遗址，赣马刘庄周代文化遗址，秦山岛东周文化遗址，春秋夹谷会盟和端木书台遗址，秦代徐福种药处、造船处、出海处文化遗址。古城址有：莒国都城、春秋纪鄣城、祝其国城，汉代盐仓城、祝其县城、土城，萧梁怀仁县城，元魏义塘郡城、洛要县城，隋唐怀仁县城，宋至民国赣榆县城。古墓葬有：下庄村汉画像石墓群、庄留村汉画像砖墓群，大温庄、单集村、寺后村、三里墩汉墓群；南宋参知政事单公选，明光禄寺卿裴天佑、工部郎中刘守良、中宪大夫朱梓，清仪封、谷城知县倪长犀墓葬等。革命故址和纪念建筑物有：赣榆县第一个共产党组织活动旧址、中共赣榆县总支部旧址、抗日民主政府旧址、中共赣榆县第一届委员会旧址，抗日山烈士陵园、革命烈士纪念馆，刘少奇纪念室，抗日民族英雄符竹庭烈士殉国处，朱爱周烈士殉国处，十八勇士、小沙东海战、赣榆战役等纪念碑。

三、经济发展

（一）体制改革

中共十一届三中全会后，赣榆县农村实行以生产责任制为中心的小段包工、定额计酬的改革。1983 年，普遍落实家庭联产承包责任制和乡村工副业承包责任制。1984 年，大力发展县、乡、村、队、户经济联合体，有各类专业村 107 个。1985 年，进行以调整农村产业结构为主要内容的第二步体制改革。1990 年，进一步健全农村服务体系。1997 年，开展二轮土地承包延签。2003 年，取消农业特产税，将农业税税率由 7％降到 4％。2005 年，取消农业税及附加，同时积极探索农村土地流转新机制，实现农户土地增值增效。

1978 年后，工业企业实行厂长（经理）负责制和任期目标责任制、任期终结审计制，实行所有权与经营权分离等改革。1990 年年底，有村及村以上工业企业 1626 家，其中全民所有制企业 51 家，集体所有制企业 335 家，村办企业 1240 家。20 世纪 90 年代中后期以后，大力推行企业制度改革，外资、合资等企业不断涌现，规模企业迅速增长。

（二）开发开放

赣榆县 1988 年被国务院确立为全国首批沿海开放县。在改革开放的历史进程中，紧紧围绕“加快奔小康，建设新赣榆”的总体目标，坚定不移地推进新型工业化、城乡一体化、农业产业化、环境生态化。不断深化改革开放成果，经济发展活力进一步增强，社会事业全面进步，人民生活水平不断提高。

（三）经济总量

2008 年，地区生产总值 140.71 亿元，比 1978 年的 2.16 亿元增长 138.55 亿元，在全省居第 37 位，在苏北居第九位。其中，第一产业增加值 27.17 亿元，比 1978 年的 1.42 亿元增长 25.75 亿元；第二产业增加值 66.79 亿元，比 1978 年的 0.35 亿元增长 66.44 亿元；第三产业增加值 46.75 亿元，比 1978 年的 0.39 亿元增长 46.36 亿元。人均地区生产总值 14278 元，比 1978 年的 281 元增长 13997 元。财政一般预算收入在全省居第 35 位，在苏北居第八位。

（四）农业

1978 年，农林牧渔业现价总产值 1.48 亿元，粮食总产量 32.48 万吨。1992 年以后，全面调整农村产业结构，增加经济作物种植面积，初步形成设施蔬菜、生态林果、花卉苗木、海淡水育苗养殖、畜禽养殖、中药材种植等具有区域特色的高效农业示范区。

2008年,农林牧渔业现价总产值达64.79亿元,其中农业产值19.57亿元,林业产值2.42亿元,牧业产业11.87亿元,渔业产值30.15亿元。粮食产量48,35万吨,油料产量6.44万吨,出栏肉猪48.17万头,出栏家禽609.37万羽。水产品产量达36.50万吨,居全省首位。

(五)工业

1978年,有机械、化工、纺织、陶瓷、建材、食品、服装等工业行业近百个,生产企业221家,地区生产总值0.26亿元。2008年,全县规模以上工业企业265家,实现全部工业增加值55.50亿元,占地区生产总值的39.50%;规模以上工业增加值占全部工业增加值的54.50%,工业企业利税总额13.94亿元,其中利润7.93亿元。

(六)服务业

1978年,社会消费品零售总额6519万元。2008年,实现社会消费品零售总额59.50亿元,其中县级市场实现零售额33.31亿元,农村市场实现零售额26.19亿元。从事商贸服务的私营企业3511家,个体工商户有20803户。

四、基础设施建设

(一)城乡建设

2000年以后,县城加快老城区改造和新城区公共设施建设。2008年,城镇居民人均住房面积34.99平方米,农村住户人均住房面积30.60平方米。县内水、气、声环境质量均达到劝能区要求,环境质量综合指数达到98.20%。

(二)交通

沿海高速公路汾灌段和327、310、204国道穿境而过,与县城一镇一行政村形成公路交通网络。通车总里程1866.50公里,其中高速公路53.60公里,国道145.00公里,省道33.50公里,县道199.60公里,镇道277.80公里,村道1157.00公里。沿海有大小港口 18 个，其中国家级中心渔港 1 个。海运南接连云港，北接岚山港，与国内外各大港口相通。内河航道总里程 118.00 千米，其中能通机动船 108.00 千米，经通榆运河与京杭运河航道相连。

（三）水利

至 1978 年年底，共建成大型水库 2 座，中型水库 1 座，小型水库 100 座，总库容 9.44 亿立方米，控制集水面积 6142.20 平方千米，有效灌溉面积 5.27 万公顷。2000—2008 年，以突出民生工程建设为主，共完成 8 座小水库和小塔山大型水库的除险加固工程，疏浚县级河道 14 条、157 千米，镇级河道 717 千米，改善排涝面积 26680 公顷，改善灌溉面积 35731 公顷；建设农村饮水安全工程 12 处，解决 13.75 万农村人口饮用水问题；完成海堤达标工程 57.17 千米；疏浚整治村庄河塘 1801 处，疏浚整治沟渠 504.40 千米、塘坝 755 个。

（四）邮政信息

2008 年，邮路总长度 190 千米，农村投递路线长度 2363 千米。电话交换机容量 27.60 万门，实占容量 22.40 万门，宽带用户 3.30 万户，移动电话用户 31.10 万户，固定电话用户 21.80 万户。

（五）电力

2008 年，全社会用电 92954 万千瓦时，其中第一产业用电 5625 万千瓦时，第二产业用电 59155 万千瓦时，第三产业用电 8647 万千瓦时，城镇居民用电 4762 万千瓦时，乡村居民用电 14765 万千瓦时。

五、科教文卫

（一）科技

1978 年 9 月恢复县科学技术委员会，1979 年 5 月复设县科协。2001 年，科委更名为科学技术局。随着改革开放不断深入，科技投入逐年加大，民营科技企业、科协组织、学会组织以及科技中介服务机构不断发展壮大。2008 年，全县拥有各类专业技术人员 15963 人，其中高级职称 1114 人，中级职称 7034 人，初级职称 6655 人。科技对经济建设贡献率达 50%以上。

（二）教育

1990 年，有中小学 466 所，在校生 7.98 万人；中学 85 所，在校生 3.96 万人；职业中学 9 所，在校生 2267 人。有教职工 7460 人。至 2008 年年底，全县有学校 151 所，其中高级中学 7 所，完全中学 3 所，初级中学 30 所，九年一贯制学校 4 所，职业中学 2 所，普通小学 104 所，特殊教育学校 1 所。小学入学率、巩固率、升学率均达到 100%；三残儿童入学率达 98.70%，巩固率达 100%；初中毕业升学率 95.10%，高中阶段毛入学率 78.80%。年末在校生 18.37 万人，其中高中生 3.23 万人，初中生 6.12 万人，职中学生 1.41 万人，小学生 7.60 万人，特教生 0.1 万人。教职工 1.26 万人，其中专职教师 1.10 万人。

（三）文化

2008 年，创建省级达标文化站 3 个，建成农家书屋 37 家，行政村文体活动室 216 个。实施“三送”工程，送科普书籍 2.20 万册，送电影 5040 场，送戏 150 扬，举办“赣榆风情”广场文化活动 26 场。成为全国群众文化先进县和“全国万里边疆文化长廊建设先进单位”。

（四）卫生

1978 年，有卫生机构 43 个，其中医院、卫生院 31 个，床位 670 张，卫生技术人员 1078 人，其中医生 279 人。2008 年，有卫生机构 46 个，病床 2623 张，卫生技术人员 2082 人。农村设置医疗点 570 个，有乡村医生 2043 人。农村合作医疗参合率达 99.60%。18 家镇卫生院全部转型为社区卫生服务中心，其中 4 家为省级示范化社区卫生服务中心，新建 120 个省级农村规范化社区卫生服务站。

（五）体育

2008年，延伸“百村体育健身工程”，为409个自然村配备小篮板，建成社区健身中心29个，有6个镇创建为省级体育强镇，成功承办全省农民健身运动会秧歌大赛和拔河比赛，男子拔河队多次荣获全国农民运动会比赛冠亚军。

六、风物特产

（一）民风习俗

地处苏鲁交界处，民风的母体为齐鲁文化，但又较多的受到江淮文化的影响，南北文化的结合、融合，构成了赣榆特有的民风民俗。赣榆人既有山东人刚健粗犷、忠厚诚恳的特点，豪放爽直，热情好客，敢闯敢拼，开拓自信的性格，又融入江淮民风的特点，具有机智灵活，追求上进，吃苦耐劳，善于缝营的性格。海祭习俗历史悠久，形式多样，已申报为江苏省非物质文化遗产。

（二）地方特产

沿海盛产东方对虾、梭子蟹、黄鱼、墨鱼、鲳鱼和各种贝类、藻类；淡水产品银鱼、白虾、河蟹、鳜鱼久负盛名；农副产品草编、柳编、石雕、贝雕、稻麦、花生、药材、花卉、蔬菜、山果传统悠久；土特产品板栗、粉丝、腌猪、生油、甜闷瓜、银杏曾为贡品；地方小吃煎饼、凉粉、蟹籽豆腐、酥烧饼别具一格。

七、人民生活

（一）居民收入

1978年，职工平均工资473元，居民储蓄存款余额718元；农村居民人均收入90元。2008年，城镇居民人均可支配收入11177元，城镇在岗职工平均工资21730元；农民人均总收入7830.20元，其中人均纯收入5894元。

（二）居民消费

2008年，农民人均家庭总支出6008.40元，其中生活消费支出

3537.90 元;城镇人均家庭总支出 9959 元,其中消费性支出 6767 元。

(三)社会保障

1983 年起,各乡镇陆续兴办敬老院,1990 年有乡镇中心敬老院 15 所,村和街道敬老院 88 所。2008 年,新增就业岗位 1.90 万个,新增城镇就业 9300 人。企业养老保险实现参保缴费 3.24 万人,失业保险实现参保 4.21 万人,医疗保险实现参保 4.90 万人。城镇居民基本医疗保险参保 46172 人。农村低保标准每人每月 110 元,城镇低保标准每人每月 200 元。有 14174 户 26918 人纳入农村低保,1213 户 2834 人纳入城镇低保,共发放低保补助资金 2467 万元。

沭河艺文辑存

沭河古渡

〔唐〕钱　起

日落关津处，云霞残碧空。
牧人避旧烧，退鷁随微风。
回首故乡远，临流此路穷。
翩翩青冥去，羡彼高飞鸿。

沭水渔舟

〔明〕徐可达

两河分派远，随意泛虚舟。
烟火孤村涉，风波一钓收。
红蕖蹴浅浪，碧芷澜年流。
生计乾坤老，萧萧对白鸥。

前　题

〔清〕胡简敬

夹岻水环流，群渔日泛舟。
竿垂青嶂侧，月载碧波头。
蓑笠凝朝露，蒹葭萃晚秋。
城南多胜事，收拾在河洲。

前　题

李调元

此生乐计只依河，两岻红蕖映残莎。
自有鲜鳞沽美酒，任将小艇泛轻蓑。
投竿垂下波心饵，结网抛开水面螺。
倦入芦花栖梦稳，不知明月挂烟波。

前　题

胡安世　康熙年间沭阳知县　拔贡

镇日长竿遍水涯，随风来片坐渔艖。
能开楚竹燃清渚，更辟幽丛坐浅沙。
暮卷丝纶歌白雪，晓随鸥鹭泛桃花。
横桥乳蝶依残柳，不问仙源也是家。

前　题

孙台铨

河近仙源少问津，偏于深处聚渔人。
苹黏钓艇穿烟渚，月照纶竿坐水滨。
两岸清阴联绿树，一湾白浪跃红鳞。
风波静处长年好，绝胜轮蹄日碾尘。

前　题

吴克立

一蓬风月竟如何，绿岁优游乐琴皤。
曲曲频扬波上艇，阴阴常挂雨中蓑。
丝纶坐理晨昏静，鸥鹭飞随点次多。
已作桐江烟渚客，无须白石复兴歌。

陈村晚渡

〔清〕胡简文

陈村曲傍仰西湾，白泊方舟渡未闲。
满眼晴霞飞灿灿，两堤流水响潺潺。
柴扉远树留人望，鸟背残阳送客还。
自去自来轻似叶，归途遥指白云间。

陈村晚渡

胡简能

野渡临残照，前村入望遥。
钟声度木末，人语杂波涛。
月也知迎客，风犹解送舠。
辞流登岸去，不必问渔樵。

僮阳杂咏·沭河

〔清〕张棣翘

寻芳残步爱春游，
水满清溪曲曲流。
几处垂杨青未了，
隔村催出打渔舟。

桥 秀 沭 河

杨鹤高

淮海大地，沭河、淮沭河、新沂河三河汇流，托起一座苏北古镇——沭阳城。城北与城西，有沂河、淮河环绕，粼粼银波，光耀城郭。弯弯而美丽的沭河穿越城内，碧水绿柳映蓝天，两岸月季月月鲜艳，她犹如五色彩带给沭阳城增添了奇丽的景色。

沭河，源于鲁南沂蒙山，自古以来，她犹如美丽的姑娘，一路上欢腾潇、披珠戴玉从沂蒙山麓越野来到沭阳城。或许是因为历尽沧桑，或许是因为入乡随俗，当河水流进城内时，就像民族舞蹈一般从容优美地转了一个弯，弯弯的河身显得婀娜多姿、秀美动人，给沭城增添了靓丽的景观。清代沭阳八景的“沭水渔舟”、“紫阳夕照”和“陈村晚渡”的美景皆临于沭河。

话说，有河就有桥。旧时，城内的沭河上桥虽然不多，然而她却历史久远，底蕴深厚。据《沭阳县志》记载：“西关有一座永安桥，古有永安桥，明代建筑，原为宣义门（西门）外护城河的桥梁，青石结构，一孔，直径二米。”又载：“文峰桥，南门外，直跨前河，旧有石桥名紫阳桥，明永乐四年建，崇祯四年改建，清康熙八年因鲁南郯城 8.5 级大地震而毁坏，后建小木桥。”20 世纪 20 年代摄影大师吴印成曾拍下文峰桥冬景，一位农夫肩背大捆柴草，步履维艰地行于桥上。这瞬间的镜头里，记载了这文峰桥承载着人间的艰辛和困苦。在西关的沭河上，原有一座大木桥，从海州通往宿迁的大路必经此桥。当年，我地方政府和人民群众得知日本侵略者要通过此桥时，便放火烧掉大木桥，鬼子气得跺脚嚎叫，发狠向水中桥桩开枪射击。然而，桥桩依然巍然挺立，丝毫未动。这桥，承载着的是和平、正义，不承载掠夺和残忍。至今，这些都成为珍贵的历史文化遗址。

如今，在穿越沭阳城市中心的弯弯而美丽的沭河上，共建有15座宽阔雄伟的大桥，如注扬桥、向阳桥、赐富桥、名品桥、长荣桥、沈括桥、善待桥、造福桥、袁枚桥、印成桥、虞蛭簪、苓兰桥、白夜桥、浮桥和铁路桥。这些桥都是县委县政府近多少年来为民办实事而新建和改建的，这些大桥承载着忙碌和欢乐，也承载着幸福的未来。

20世纪80年代以后，虽然沭河上建造8座桥，给城内交通带来方便，然而与社会发展却不相适应。为了打通瓶颈塞道，适应经济快速发展的形势需要，县委县政府在械内的河上对旧桥作了改建的同时，又新建了一座座宽阔的大桥。首先狠抓虞姬桥、袁枚桥、沈括桥的扩建改造工程，博得众口称颂，使民心大振，被群众称为“民心工程”。扩建改造后的沭城三桥，容貌焕新，风格各异。虞姬桥两侧桥栏是大理石装点，古朴典雅，英姿勃勃，男女老幼穿越桥面，无不带有楚汉古风的韵味。袁枚桥则是另一种风格，白色钢板细柱，错落有致，配以棕色琉璃瓦栏杆，显得潇洒隽永，飘逸传神。步入桥上，宛如进入袁枚“四季种花官荷插”的诗境之中。沈括桥与众不同，桥栏杆是20根汉白玉制成，两端有两尊半圆石鼓装饰，大桥两侧各安装1 4盏彩色投光射灯，夜晚，灯光照耀，五彩缤纷，远远望去，显得洁白清秀，气度轩昂，雄伟壮观；行往桥上，更像走进《梦溪笔谈》的意境之中，会使你生发浮想联翩、科幻思路顿开之感。在这里，人们向西可观雄伟的沈括塑像，向东可眺通往京沪高速公路的迎宾大道；大桥两端那现代化的商城尽收眼底，被誉为“花木之乡明珠城”的沭阳城由此一展英姿，采采闪光。

三桥建成后，又陆续改建了印成桥、自夜桥、长荣桥等，皆以文化名人命名，张显文化内涵。扩建之前的沭阳城内诸桥，桥面宽仅 1 0 米，拓宽后桥长 4 8 米，宽 30 米，6 车道，两边是瓷砖人行道，每一座桥，都划出一道耐人寻味的弧：对于人生，两点之间最短的当是直线，直耶，不弯也。对于桥的本身，它是路与河的交叉点，以点为中心，可以任意扩大、延伸。桥面是陆路，桥下是水运，运载南北，远航东西，桥上桥下，行人游客，上下联动，全都通过这交叉点——桥。日日夜夜，年复一年，它的背上承受着难以计算的压力。沭阳的经济，将会在桥的脊梁上崛起、腾飞，不再是袁枚诗篇中“浮天水失东西路，入境蝗如早晚潮”的窘境了。

虞姬，出生于沭阳虞姬沟畔，故取名虞姬桥。眺望古朴典雅的虞姬桥，两侧绿草茵茵，花团锦簇，凝视素雅大气的虞姬像，仿佛她从秦汉时期走来，踏上新时代的佳境。清代大诗人袁枚曾任沭阳知县，当人们走上潇洒新颖的袁枚桥时，心中会涌动出诗情豪志，如同走进“花似鸡冠一路开”的秀美园地。宋代大科学家沈括曾任沭阳主簿，站在雄伟壮观的沈括桥头，会让你观赏到宋代“九渠百堰”的图景，领略当年沈括治理沭水，疏浚六塘河的为民风范。沭阳城三桥，挺挺座立，默默无语，桥两侧绿枝翠叶间，常有莺雀跳跃，欢歌放喉，桥静乌动，动静成趣，耐人寻味。圣洁的汉白玉大桥，端庄稳重，鲜红的美人蕉、月季花婀娜含桥，桥与花相互映衬，使沭阳城更显得生机勃勃，情趣盎然。哦，沭水清流，大桥吐气，沭城生晖。

值得一提的是，沭河西端的浮桥别有风味。西侧是高大雄的铁路大桥，东边的水面上便是彩色的浮桥，一高一低，一峨一秀，配以两岸的翠柳，如同一幅淡雅秀美的水墨画。

浮桥，古称舟桥，用船代桥墩，又称战桥，它历史悠久。沭河浮桥，乃沭河桥梁世族中的新生儿，是后起之秀。桥面用橘黄和蓝色浮桶相拼组合而成，桥两侧是白色栏杆，中间为蓝色拱形小桥，便于小船过往。远远望去，犹如彩练浮于清粼粼的水面，又似水面上呈现出的海市蜃楼，格外奇丽美观。浮桥，不仅承载行人交通，更承载和谐、温馨，承载欢乐与情趣。

沭阳人民走在每一座桥上，各人可以用各自独有的心情去倾听、去感受、去领悟，才能逐步体察到民众生命的意蕴和生活的质量。

（载《宿迁日报》）

美哉，沭河

韦泽洋

“今沭河自沂水县北，东南流经莒州，又西南经兰山县、郯城县、沭阳县，又东至海州东南入海。”

摘自《水经注疏》卷二十六（北魏郦道元撰，第2202页）

沭河，发源于山东省南部，流经山东的沂水县、莒县、临沂、临沭县、郯城县，江苏的新沂市、东海县、沭阳县、赣榆区。沭阳地处沭河的下游，沭阳也因位于沭水之阳而得名。沭阳境内的沭河，它宽约40米，深约三米至四米，在沭阳境内长约25公里，其中流经县城约5公里。与淮沭河、柴米河水系沟通，河水清澈，有鱼有虾。尽管沧海桑田，物换星移，但在县城开发与保护的传承中，这条流淌两千多年的沭河依然是充满生机，繁华依旧。沭阳的沭河绿树成荫，春意盎然。那挺拔高大的银杏树，有的高达10余米，在秋风乍起的收获时节，它们迎风招展，独领风骚；深绿色的松树，是沭河两岸数量较多的树木，它们一棵挨着一棵，撑起了一片片绿色；叶如发丝的柳树，随着温暖的风儿翩翩起舞，给沭城的沭河增添了无数秀色；还有那遍栽其间的一棵棵梧桐树、香樟树、桂花树、野蔷薇、月季花、腊梅花以及许许多多叫不上名字的花草灌木，使人们不但领略到了沭河鸟语花香、沁人心脾的美丽绿色，也让人们体会到了“前人栽树，后人乘凉”那种心旷神怡的美妙感觉！

沭阳的沭河灯光璀璨，商业兴旺。沭河两岸那高高挂起的一盏盏圆形和六角形的宫灯，雍容华贵，颇有大家闺秀的风姿绰约，把沭河的夜晚映照得金碧辉煌；那缠绕在一棵棵树梢间一串串似珍珠般的彩灯，好似银河中瞬着小眼的星星；还有那县中医院大楼、沭阳大酒店、名品虞姬城和那横卧在沭河上的虞姬桥、沈括桥、袁枚桥、善待桥等一处又一处红的、白的、蓝的景观灯光，它们或近或远地照射在沭河的河面上，河水波光粼粼，河面一片金色。分布在沭河两岸的超市、商店、饭店、旅馆数也数不清，大的超市有万得福超市，再就是那河两岸的大小商店，这些商店大多经营日用百货、地方土特产、鞋帽、服装等，最具特色的就是沭河两岸的饮食服务业，这里经营的大都是地方特色菜，如驴肉馆、全羊馆、全牛馆、小鱼锅贴，也有经营川菜、鲁菜、淮扬菜等，既有地方特色，又有兼顾南北风味，真正是兼收并蓄，博采众长，吸引许多外地客商和本地食客。高大的楼宇与小巧的小楼形成了美妙的曲线，鲜明的特色，真是五彩缤纷，美轮美奂，令人眼花缭乱，心情舒畅。由于商业兴旺，入夜的沭河更是游人如织。他们在饭店吃过晚饭后，有的在河边散步，逛市场，有的观赏河边的楼宇、小桥、城墙等一个个如幻如梦般的秀丽景色。游客们个个是笑声阵阵，其乐融融。沭河两岸，在星光闪烁的深夜还能听到“大娘水饺”“鸭血粉丝”“嘉兴粽子”“豆腐脑”……悦耳的叫卖声……

沭阳的沭河歌声响亮，充满生机。“今天是个好日子，心想的事儿都能成……今天明天都是好日子……”听，这就是老城门前的歌声，还有一支庞大中老年舞蹈队，伴随着歌声在翩翩起舞，尽管他们的舞蹈跳得并不十分标准和专业，但这些跳舞的中老年同志，一年四季坚持不懈的执着和每晚如醉如痴的激情，却完全可以与专业舞蹈演员们一比高下。在沭河岸边的几处休闲广场，热心的市民，也搞起了激情广场大家唱，选手们“你方唱罢我登场”，整个沭河岸边变得热闹非凡，热气腾腾，热浪滚滚。我想，正是有了这些中老年舞蹈队和“草根”歌手们一曲曲引吭高歌，才使这条古老的沭河显得生机勃勃，美丽动人。每到夜晚人们便在灯光下不但能欣赏歌舞，还能听到地方戏，沭河市场、袁枚桥下、善待桥边有许多上了年纪的人在那里专心听着淮海戏、淮海鼓锣、柳琴戏和其他一些地方民间小调，神情专注，有的听到深更半夜才离去。入夜的沭河两岸不但是人们放声歌唱、一展歌舞的天地，也是人们休闲健身、陶冶情操的极好去处。每当夜幕降临，宁静的沭河两岸就热闹起来了。有的在河边散步、跑步、谈情说爱、晚间垂钓……那人群一拨接着一拨，尤其是在古城区有时几乎到了络绎不绝、比肩接踵的地步！

沭阳境内的沭河为何能历千年而不衰？得益于历代官员的维护和沭阳人民的悉心呵护。据《沭阳县志》载，北宋时沈括任沭阳主簿期间就动员民众对沭河进行维修加固，清时袁枚、卫哲治在任沭阳县令时又对沭河进行整治。特别是中华人民共和国成立60多年来，沭阳县的领导对沭河的开发利用高度重视，不断进行疏浚，确保沭河畅通，岁岁安澜。改革开放以来，沭阳县先后两次大规模对沭河进行整修，用石头护坡，筑起了水上小桥、古城墙和绵延5公里花岗石驳岸，使古老的沭河焕发了生机。

火树银花夜沭河，五彩缤纷沭阳城。古老的沭河就像白色的缎带一样镶嵌在沭阳大地，沭河两岸的名品虞姬城、沭河市场、万得福超市、沭阳大酒店、县中医院、沭阳如东中学、宿迁经贸学院、沭阳体育中心就像一串串彩珠点缀在沭河岸边，成了一道亮丽的风景线，也成了千年古城沭阳一张闻名遐迩的“名片”。沭河，像一条巨大的彩练，绽放着夺目的光彩！

啊！美哉，沭河。沭河，美哉！

（载《放歌老区》）

水经注疏

沭水篇

《沭水》（《水经注疏》卷二十六）

（说明：黑体字为《水经注》的译文，宋体字为《疏》的译文。译者：张勇卫东。《水经注疏》原文略）

译文：**沭水出自山东琅邪郡东莞县西北山。**守敬按（郭守敬，元朝天文学家、水利家和数学家。按，考证，研究）：据《周礼》记载，山东的青州那里，有大的河流，一是沂水，一是沭水。又据《汉志》记载，有一条術水出自琅邪郡东莞县。颜师古《注》：術水就是沭水。《水经》说，（沭水）出自东莞县西北山。但据《注》推断，似乎在“西北”下面有“大弁”二字，然而自古并无“沭水出大弁”的说法。只有《说文》记载中“沭水出”下面有缺字，难道就是缺“大弁山”几个字么？又据《齐乘》卷一载，唐·沈亚之《沂水杂记》将“大弁山”错写成“太平山”，今人又将“太平”讹作“大屏”。《明·地理志》则说：沂水县西北有大弁山，今沭河出自临朐县南、沂水县北的沂山。〔一〕东莞县详见《沂水篇》。（译者按：颜师古为唐朝学者，祖籍琅邪，即今山东临沂，《注》“術水即沭水也”，可知沭水古名为術水。術，古代城邑中的道路。河，是水道，故“術”与“沭”不仅同音，同为入声字，而且有意义上的关联。術，今简化字作

“术”，加三点水旁，即为“沭”。）**西北山又叫大弁山，与小泰山脚相连，名字不同罢了。**守敬按：小泰山详见《巨注水》及《汶水》篇。**这“大”“小”两座山引控众多细流，汇积成河，向东南流经东莞县的邳乡南部，向南距东莞县城八十来里。东莞县城有东、北、西三面城墙，南面没有城墙，所以通常叫它“半城”。**守敬按：《续汉志》载，东莞县有邳乡。《左传·隐公八年》杜预注：东莞县北有邳乡。《元和志》引伍缉之《从征记》说，大岘山离半城八十里。与此合观之，这邳乡在大岘山的南边八十里，在东莞县城北边八十来里，在今沂水县北面。**沭水又向东南流，与左边的岘水相合，**朱氏将“合”字讹为“右”字，赵氏则据《通鉴·注》［按：时为晋义熙五年（公元409年）］校改。戴氏又改“右”为“同”字。**河水从大岘山北流出，**守敬按：《通鉴》说，东晋义熙五年，刘裕攻打南燕。有人对刘裕说，南燕的人如果以堵塞大岘水为险要，那就困难了，就是这个大岘山。《初学记》八引伍缉之《从征记》，说大岘山和直度山连绵二十五里，山崖壁面陡峭曲折，四个山峰三条走向，是不错的。又《地形志》说，盘阳有大岘山。又《元和志》说，大岘山在沂水县北九十里处。又《齐乘》说，大岘山在大弁山的东南，地势险要，也就是穆陵关。在今临朐县东南一百零五里处，在沂水县东北一百二十里处，岘水就是从大岘山南麓流出的。**向东南流经邳乡东部，继续向东南流注到沭水了。**守敬按：岘水向东南流，流至今沂水县东北进入沭河。

（沭水）向东南流过沂水县东部，沭水与左边从箕山流下的水相合。会贞按：《齐乘》一，“箕山”写作“琪山”“淇山”。此水出东诸县西的箕山，戴氏认为“出东”是错的，把“出东”改成“东出”，全颠倒过来了。赵氏则把“县”字改为“城”字，说：“《汉书·地理志》无‘东诸县’，而诸县另有‘东诸城’。”

见《潍水篇》。会贞按：上述所说都是不对的。《水经注》本来说有“东出”“出东”两例，说法见《浊漳》篇，此指《潍水》篇里说的“诸县”，“东诸”二字虽文字相连但意思不是连续的，是说“东方的各个县”罢了。赵氏却由此牵扯涉及“东诸城”，错得很。《隋志》载：东莞有箕山。《一统志》载：箕山在莒州北一百里处。与《潍水》所说的箕屋山不是同一座山。**而刘澄之说诸县箕山是许由当年隐居的地方，更是大错特错了。**会贞按：许由当年所隐居的那个箕山见《颖水》篇，各书都说是在阳城，而没有说是在“诸县”的，所以郦道元驳斥刘澄之的说法错得离了谱。**（从箕山流出的）水向西南流注到沭水了。**会贞按：水在今莒州的北边。

沭水又向东南流过莒县东部。《地理志》说：“莒子所封的国，属于盈姓，是少昊的后裔。”守敬按：见《城阳国·莒县》下。盈，同“嬴”。《春秋世族谱》说：莒国是姓嬴，周武王封兹舆期在莒国，开始建都在“计”地，后来迁到莒。《世本》记载，自纪公以下都是“巳”姓。按《郑语》史伯记载，又说是“曹”姓。**《列女传》卷四说：齐国人杞梁殖**会贞按：《文选·洞箫赋·注》说，“杞梁”是字号，“殖”是名字。**袭击莒国，战死了。他的妻子将要去为他报丧，路上遇到了齐庄公，**朱氏作“桓公”，赵载在《笺》中说：“《列女传》作‘庄公’，朱氏说是‘桓公’，字号错了。”戴氏改了过来。**庄公对她表示致哀慰问。杞梁的妻子说：“如果殖死而有罪过，**朱氏漏掉“死”字，赵氏据孙潜本子校对增“死”字，戴氏所增相同。安敬按：《寰宇记》引《列女传》有“死”字。**您何必屈尊哀悼他？如果殖无罪过，那么，有死者的弊庐，**谦辞，敝庐，破房子。**在他原来居住的地方，**戴氏改“弊”为“敝”。**我不敢为他在城郊祭吊。”**齐庄公听了，**掉转车头到杞梁的故居去吊祭。杞梁的妻子就在城下悲哭，哭了七**

天，哭得城墙崩塌。守敬按：七，《列女传》为“十”。《文选·洞萧赋·注》引文与《列女传》同。《后汉书·刘瑜传·注》、《类聚》第六十三卷、《御览》第四百八十七卷引文也与此相同。**故《琴操》说：殖死了以后，他的妻子摸过琴来边奏边作歌唱道：“乐莫乐兮新相知，悲莫悲兮生别离！”**欢乐莫过于两心相知的新婚夫妇，悲痛莫过于生离死别！**她的哀痛感动了上天，所以城墙为她而塌堕，**朱氏把“堕”讹错为“坠”。赵氏改为“隳”(huī)，说：隳，许规切。本作陊，《说文解字》说，城墙、土山坍塌叫“陊”。徐锴说：陊，俗作“隳”。不对，今相承通俗用“隳”。戴氏改为“堕”。守敬按：《广韵》堕，许规切。《寰宇记》引《琴操》作“隳”，《名胜记》作“堕”。**就是这座城。这城从里到外围着三重城墙，**会贞按：由此往下五句，《元和志》《寰宇记》相同。唯“三重”作“三里”，错。《名胜志》“重”作“面”，无“竝悉”二字，尤其错。竝悉崇峻（竝，并；悉，都。言三重城墙都很高大险峻）。**只有南面开一门。内城方圆十二里长，**会贞按：《齐乘》卷四，作“内城周长二十里。子城周长十二里，《方舆纪要》相同，郭外城周长四十许里。**《尸子》说：莒国国君宠好鬼巫而使国亡。**会贞按：《寰宇记》引《尸子》说，章宗源辑《尸子》采取此《注》至“守嶮全国”句（见下文），似有误。**因无知而发生的那一场灾难，齐国公子小白**（即后来的齐桓公）**逃亡到莒。**会贞按：《左传·庄公八年》齐连称、管至父因无知而作乱，鲍叔牙预先保护着小白投奔（外祖所在的）莒国。**燕国大将乐毅乘乱攻伐齐国，齐守住嶮，**嶮，戴氏写作“险”，险要之处，保全国家。会贞按：《史记·田齐世家》，燕国大将乐毅打败齐国，进入齐国国都临淄，齐湣王在逃亡路上被杀。湣王的儿子襄王保住莒城。后来齐国大将田单反攻，大破燕军，收复失地，迎接襄王回到国都临淄。**（到了）秦始皇时，把**

齐国划成一个县，会贞按：到了汉朝初年，把县封分为诸侯国，原来齐国的这个县封为城阳国，后汉时属琅邪国，魏、晋时属城阳郡，后来属东莞郡，一直到南朝宋、后魏都是属东莞郡。今为莒州治。**刘氏兴立汉朝后，把它（齐地）划为城阳国，**会贞按：《汉志》说，城阳国就是原来的齐国版图，汉文帝二年另立为诸侯国。**封朱虚侯章在那里，**会贞按：《史》《汉·诸侯王表》，是汉文帝二年所封。**行政中心在莒城。**会贞按：见《汉志》**是王莽的莒陵。到东汉光武帝刘秀时把阳城国合并为琅邪国，**会贞按：《续汉志》，琅邪国，光武帝建武（年号）中视察阳城国时，把它作为一个县而隶属于琅邪国。**并将琅邪国封给皇子刘京，皇子的兴趣爱好是装潢宫室，千方百计，极尽奇巧之能事，墙壁上用金银装饰。**朱氏将“壁”讹错为“璧”，戴氏、赵氏改过来了。**到汉明帝时，**朱氏《笺》说：“《后汉书》是汉章帝。”这里说是“明帝”，是字写错了。守敬按：“明”字不错。《京传》写作“肃宗”，“肃”是“显”字之误。据《传》，光武帝建武十七年封琅邪王，立国三十一年薨逝。以年头推算，则是薨于汉明帝永平十五年，还没到汉章帝时呢。正应该以此为据订正《传》所说之误，而朱氏反而以为“明帝时”是错的，太疏忽了。**皇子刘京又不安心在莒城，把行政中心迁移到开阳了。**朱氏把“开”讹作间，《笺》曰：《后汉书》说，“移治开阳。”戴氏、赵氏改“间”为“开”。守敬按：见《后汉书·光武十王传》。“开阳”见《沂水》篇。

沭水又向南流，有一条袁公水从清山东边流出，守敬按：《一统治》称“清山”为“青山”，并说，旧《志》记载那里的居民靠这山取利，农具、檿丝、柴草木炭都从这山里产出。在今莒州东北八十里处。**寻着河道往坤方绕，**坤，此以卦名代指方位，坤在八卦中代表西南方，**而注入沭水。**戴氏改“寻”为“遵”。

守敬按：袁公水在今莒州东北。**沭水又向南流，又有一条浔水注入沭水，浔水是从巨公山流出的，**会贞按：莒州南六十里处有马鬐山，《方舆纪要》即写为巨公山。《注》说，“浔水出于巨公山。”《一统治》则说浔水是在莒州东南流经马鬐山的。**向西南流，旧时（老百姓）拦堵河水用以灌溉田地，**朱氏在“溉”字下有“渚”字，赵氏与他相同，戴氏删去。会贞按：《方舆纪要》引这段话时无“渚”字。**水面为东西长二十里，南北宽十五里。**会贞按：《一统志》旧称《志》，记载说，浔水向西南流过灰子泊，就是指这里。**浔水又向西南流入沭河。**会贞按：浔水自今莒州东南，又向西南流至莒州西南进入沭河。**沭水又向南与葛陂水相会。**守敬按：《明·地理志》载，莒州西南有葛沟店巡检司，葛沟也就是葛陂水。**葛陂水从三柱山流出，**朱氏把“柱”写作“注”字，赵氏据《方舆纪要》校对改了过来。戴氏也作相同的校改。守敬按：《一统志》载：三注山在日照县西南五十里处，而以《沂州府志》作“三柱”为讹错，又说县北也有“三柱山”，不是葛陂水所流出的地方。我认为还是“柱”字对。**向西南流经辟城南，**朱氏错写为“辟城城南”，多一“城”字，戴氏改上一个“城”字为“土”字，成“土城”了，赵氏删去下一个“城”字。守敬按：王念孙说：《史表》作“辟”，《汉表》作“辟土”，因为“辟”也作“壁”，传抄时分写成“辟土”两个字了（旧时是竖行书写，所以“壁”上下结构，容易写“辟土”，如同“买猪舌”拖长了写成“买猪千口”的笑话那样）。郦氏依据《史表》写作“辟城”是对的，只是“城”字下多出一个“城”字罢了。戴氏依照《汉表》的错字，改作“辟土城”，大错。赵氏删去一个“城”字，就对了。城在今莒州南。**世人称之为“辟阳城”。**守敬按：赵氏认为这个辟阳就是审食其的封地，见《浊漳》篇。**《史记·建元以来王子侯者年表》曰：汉武帝元朔二年，封城阳**

共王子节侯刘壮为侯国也。朱氏把“节”讹错为“刘”，戴氏、赵氏改过来了。全氏说：《索隐》认为属东海，而善长说是城阳，这里是从《史表》说法。守敬按：刘壮是城阳的共王子，《史》《汉表》皆同此说法，那么刘壮所封的地方自然应是与城阳靠近。辟阳是葛陂水流经的地方，在城阳的东南，与东海地域相接，所以《汉表》说在东海。而且《史表》也没有明文说在城阳，全氏怎么知道郦氏是依据《史表》的呢？**（葛陂）水于辟阳城附近，**守敬按：于，《名胜志》作“阏”。**聚集而成为陂**（bēi，池塘），**人们称它为辟阳湖，又向西南流注到沭水的。**守敬按：《一统志》载，葛陂水在莒州南一百里处，今已淤没，叶圭绶还当它是州南的陈旺河呢。

沭水又向南经过阳都县向东流入沂水。

沭水自阳都县守敬按：县见《沂水篇》。**又向南，与武阳沟水相会。武阳沟水从东边仓山流出，**守敬按：《齐乘》一作“苍山”，说是在沂州南。在今赣榆县西。**山上有旧城，世人叫它“监官城”，错了。**守敬按：《地形志》戴，义塘郡归义有盐仓。查《史记·秦本纪》，昭襄王十一年，盐氏，徐广说，盐，一作监，盐、监形近易混淆，这个仓山上的“监官城”，依据《地形志》查证，监，应当是“盐”字，**就是古时候的“有利城”啊。**守敬按：《汉志》载，东海郡有利成县，见《淮水》篇游水下，在今赣榆县西六十里处。这“有利”即利城乡名，郦氏把它载于沭水，是因为城在利城的西面。**是汉武帝元朔四年**（前125）**封城阳共王子刘钉为侯国的地方。**全氏说：按本《表》说是东海，而善长认为是城阳。守敬按：《史》《汉表》所载相同。《注》叙述武阳沟水所流经的地方，在阳都的东南，全氏难道是认为阳都属城阳就说善长以有利属城阳的么？**有利城依山为基址，水顺山下向西北流去，叫做武阳沟。又向西流至即丘县注入沭水。**守敬按：水在今赣榆县西北。**沭水又向南经东海郡即丘县，**《地形志》载：即丘有即丘城，又龙沮有即丘城。因这两县接壤，所以都说有即丘城。守敬按：汉县属东海郡，后汉属琅邪国，魏、晋沿袭，南朝宋时为琅邪治所在，北朝后魏沿袭，在今兰山县东南五十里处。**就是《春秋》经里所说的祝丘。**守敬按：《汉志》中即丘，颜氏《注》引孟康的话说：即丘就是古代的祝丘。《续汉志》的即丘，就是《春秋》说的祝丘。**桓公五年，《经》书写道：齐侯、郑伯举行典礼，建祝丘城。**守敬按：庄公四年杜《注》：祝丘，鲁地。《左传》戴氏增“曰”字。**说，齐、郑搞朝纪，要沿袭旧制。**守敬按：杜氏《注》，齐、郑将要沿袭朝纪，所以筑祝丘城。**汉立为县，到王莽时改名叫“就信”了。《群国志》说：祝丘从东海分出来隶属琅邪。**守敬按：《续汉志》载，祝丘，原属东海。**阚骃说：即、祝，鲁地人的读音，**朱氏把“即”误作“郎”，戴氏、赵氏改过来了。守敬按：明抄本作“即”，是说鲁地人把“祝”读为“即”字。**因读音的缘故，把“祝丘”也变成“即丘”了。**

沭水又向南流经东海厚丘县，守敬按：汉县属东海郡，后汉、魏、晋沿袭，到南朝宋简省了，南朝齐又恢复，属北东海郡，后来又废除了。在今沭阳县北六十里。**王莽把它改名曰“祝其亭”。**朱氏本子无“曰”字，戴氏、赵氏增加了“曰”字，赵氏在“之”字上增写个“名”字。**分为二渎：**会贞按：二渎分于今沭阳县西北，结合下文来看，所谓“渎”，河道有水、无水都叫渎。**一渎**朱氏漏了这两个字，赵氏也漏了。戴氏增加了这两个字。会贞按：这“一渎”是指右水。**向西南流出，今无水，世人称它为“枯沭”。**朱氏将“沭”字讹错为“水”字，《笺》纠正说，应当作“枯沭”。戴氏、赵氏改过来了。会贞按：明抄本作“枯沭”。叙右水暂到此为止。**一渎**会贞按：这一渎是左水，所以下面称“左渎”。**向南流经建陵县旧城东面。**守敬按：西汉时建陵县隶属东海郡，东汉时废掉了，在今沭阳县西北一百零五里处。**汉景帝六年封卫绾为侯国，**朱氏把“六”字写成“八”字，卫氏写作“石”，《笺》称：孙氏说，《史记·年表》为景帝六年，卫绾封建陵侯。赵氏说：《史》《汉表》都说是“六年”，又说，《史》《汉表》《传》都是卫琯。全氏、戴氏改“八”为“六”。守敬按：《史记》本传也是“六年”，唯《汉书》本传略掉了。又《景帝纪》作“赵琯”，也错了。**到王莽时改建陵叫“付亭”了。**

沭水又向南流经建陵山的西面。朱氏漏掉了“建”字，全氏、赵氏、戴氏增补“建”字。戴氏说：今查《魏书·地形志》，建陵县有建陵山。赵氏说：《方舆纪要》载，建陵山在海州沭阳县西北一百里处，与山东郯城县接境。山南北长而东西狭，上面有很多丘陵，西汉时因此取为县名。守敬按：《地形志》又说，郯县有建陵山，是因这山分属建陵县和郯县。顾说实本自《寰宇记》。**魏正光**（年号）**中，**朱氏把“光”字讹错为“元”字。赵氏改回为“光”字，并且说：正元，是曹魏高贵乡公（曹髦）的纪年，这里是指南北朝的北魏拓跋氏“孝明帝正光”年间的事。下文说的齐王即萧宝夤。《魏书·萧宝夤传》说，神龟［北魏孝明帝年号（518—520）］中，出任为都督徐州和南衮二州诸军事、车骑将军、徐州刺史。正光二年（521），征为车骑大将军，就是指这回事。全氏、戴氏所改相同。**齐王镇守徐州的时候，**会贞按：州治是彭城，见《獾水》篇（獾，五佳切，音“涯”yá，水名）。**建大堨，**会贞按：明抄本、黄本都写作“堰”，不是写作“堨”。**拦住沭水不使向西流，两渎交会，**会贞按：是说左水（见上文）与新渠（见下文）初出相交。**筑城防御，叫做“曲沭戍”。**会贞按：《梁书·武帝纪》，普通（年号）五年（524），北伐，破曲木。《通鉴》也照此说法。胡氏《注》说，应当作“曲沭”，就是指这次的“戍”。在今沭阳县西北。**自堨流三十里，**朱氏在“自”字下漏掉一个字，赵氏增“戍”字，戴氏增“堨”字。**向西流注入沭水旧渎，称之为“新渠”。**会贞按：这是指左水改道会合右水。**旧渎自厚丘向西南流出，**朱氏漏掉“旧渎”二字，赵氏也漏这两字，戴氏增补上了。会贞按：这是承上文再叙右水。**左与新渠会合，向南流入淮扬宿预县**（原作“宿豫县”，说是为避唐代宗李豫之讳改为“预”字的，今仍改为“豫”字）**注入泗水。**会贞按：宿预县见《泗水》篇。这里是就晋、宋（南朝）的县而言，与《汉志》所说的“至下邳注泗”同。因为下邳之地，后为宿预地了。**就是《地理志》所说的“至下邳注泗”啊。**会贞按：下邳，见《泗水》篇。右水自厚丘西南流出，向下流注入泗水，即自今郯城之沭河，分流经墨河河道。今墨河上流与沭河不相通，向西南至宿迁县西北流入运河。**《经》说在阳都流入沂水，错了。沭水左渎**会贞按：这里再叙左水。**自大堰处拦断，所以从东南流出，有桑堰水注入。**会贞按：《齐乘》卷二引此文作“桑堰”，并说，堰，乌侯切（音 ōu）。那么于氏（《齐乘》著者）所见的本子不同。**这桑堰水从襄贲县流出，**会贞按：县见《沂水》篇。（从高处）**像悬泉一样向东流注入沭渎，**会贞按：水应当在今宿迁县北。**又向南流，右边的横沟与它（沭水左渎）相合，**朱氏将“右”字讹错为“左”，戴氏、赵氏相同。会贞按：沭水左渎向南流，横沟水从渎右向东注入之，应是“右合”，不是“左合”。今订正。**（横沟）水从渎右方流向东注入沭水旧渎。**会贞按：这水也在今宿迁县北。**又向南流到阻遏处。**朱氏“遏”字写作“堰”。《笺》说：旧本作“暨于溻”，“溻”是“堨”字的误写。赵氏改为“堨”。戴氏改成“遏”，说：查《注》内“堨”字也通称“遏”。守敬按：明钞本作“遏”。**其水拐弯向西南流，经司吾山的东面，**会贞按：俗作峒峿山，又讹作峒峿山。《明一统治》载，峒峿山在宿迁县北七十里。宋绍兴末，首领张荣在这山上屯兵抗拒金人。明朝的宿迁就是今县治所在地。**又经司吾县旧城西。**会贞按：司吾县，西汉属东海郡，东汉属下邳国，曹魏属下邳郡，晋代属临淮郡，后简省。《通鉴》载，梁武帝普通五年，北魏东海太守韦敞欣献司吾城投降，就是这里。在今宿迁县北六十里处。**《春秋左传》载：吴国捉住钟吾子**朱氏将“吴”讹错为“楚”，戴代、赵氏相同。守敬按：《左传·昭公三十年》载：“吴执钟吾子。”今订正。钟吾，小国。见杜《注》二十七年。**（汉）以为司吾县，**守敬按：《寰宇记》载，汉为县。这里“以”字上面应当有“汉”字。**王莽把“司吾”改叫“息吾”了。又向西南流至宿预注入泗水。**会贞按：左水下流，当是在今宿迁县的北部，自沭河西南流至宿迁县西北，注入泗水，已淤没。**沭水旧渎**会贞按：这条旧渎在左水的左面，在今沭阳县西。**自下堰向东南流经司吾城东面，又向东南穿历柤口城中。**会贞按：柤口城详见下文。**柤（zhā）水源出自楚国柤地。**会贞按：《春秋》杜《注》说，柤，楚地。未实指其所处的位置，因原先柤这个地方不是诸侯所会之处。郦氏是承杜氏所注这样写的。《一统志》说峄县的泇河就是古柤水。但是泇河在古偪阳的东北，与京氏所说的“西北”不合，因水被柤水混乱了，就冒出个“泇河”名字，并非（沭）水流出之处。**《春秋·襄公十年·经》书写道：公与晋及诸侯在柤地与吴会盟。京相璠说：（柤是）宋国领地。在今彭城偪阳县西北有柤水沟，离偪阳八十里，**会贞按：《释例》说，属楚地内，有人说，彭城偪阳西北有柤水沟，与钟离相距五百多里，诸侯六日再到那里盟会是不可能的，可见不是的。这是京氏所说，杜氏已驳斥过了。郦氏是照京氏所说的，但至今都作为根据。**向东南流经偪阳县故城东北，**赵氏说，按照《汉志》所说，楚国的傅阳县就是以前的偪阳国。因“傅”和“偪”字不同。所以班固特意申明。《续志》也以为是“傅阳”，但是刘昭又引用《左氏传》及杜预《注》来证实。今《注》则直截把“傅阳”改为“偪阳”。戴氏作“傅阳”。会贞按：郦氏是承京氏的说法写的。两《汉》、《晋志》都写作“傅”。汉县属楚国，后汉属于彭城国，魏、晋沿袭，到南朝宋才废除。《地形志》载，吕县有偪阳城。在今峄县西南五十里处。**《地理志》说，就是过去的偪阳国。**守敬按：《左氏经》《传》写作“偪阳”。《释文》说，“偪”音“福”。《谷梁》说，钱坫认为“偪”“傅”读起来声音接近，通用。梁玉绳说“偪”“福”二字同声，通假。《后汉书·陶谦传》说，楚宣王灭宋，改“偪阳”叫“傅阳”。不是的。**《春秋左传·襄公十年》载：夏四月戊午日（四月一日）在柤地会遇。晋国的荀偃、士匄请求攻打偪阳，而封宋国的向戌**（因宋常事晋而向戌有贤行，故要封他为附庸）。**荀罃**（乌茎切，音 yīng，读如“英”）**说：“城小但坚固，打胜了也不算勇武，打不胜反被人笑话。”二人还是不断要求打。到丙寅日（四月九日），围攻偪阳，不能攻克。孟献子的家臣秦堇父，步挽重车去参战。这时有人把偪阳城的悬门开启，诸侯的军士见门开，就攻上去。是谁开启这悬门的呢？是鄹**朱氏《笺》说：克家说《左传》作“聊”，赵氏改“聊”。守敬按：《论语》作“鄹”，与此同。惠栋说，聚字，古或省文作“取”，《说文》，聊，鲁下邑，是孔子家乡。（据今译者查《春秋左传集解》作“郰”，郰邑是鲁县东南的莝城。郰邑大夫叔梁纥就是孔子的父亲，参加这次攻打偪阳的战斗，他力气特大，双手举起偪阳悬门）**邑大夫叔梁纥。鲁人狄虒弥用大车轮子蒙上厚甲作为大盾牌，左手拿着，右手拔戟，组成一百人的队伍。孟献子说：“这正是《诗》所说的‘有力如虎’那样的啊！”**守敬按：见《邶风·简兮》篇文。**这时，偪阳人在城上悬布试探外勇，秦堇父见了，登上城去，靠近城垛把那布砍断，那布坠守**

敬按：《左传》作“队”，《校勘记》《石经》作“坠”，按碑上字，后加。**下来。偪阳人又悬布。这样悬而复上断其布三次，偪阳人赞秦董父勇敢，便辞谢不再悬布。秦董父带着那断布向军士示勇三天。诸侯的军队，长时间围困偪阳，荀偃、士匄向荀 请示退兵，智伯即荀罃怒道：“再七天不攻下来，我就拿你们向诸侯谢罪!”**守敬按：《传》只说“必尔乎取之”，杜《注》说，当拿你们谢攻不下偪阳的罪过。这里兼采《传》《注》二说。**荀偃、士匄就攻偪阳，亲自上前冒着矢石，于是攻破偪阳城，获偪阳子子爵回，献于武宫，称为“夷俘”。偪阳，（子爵）姓妘，**会贞按：孔《疏》依《郑语》及《世本》，皆说，偪阳，妘姓，是祝融之孙，陆终第四子，求言的后人。以上皆《左传》文。**汉以为县，汉武帝元朔三年，封齐孝王的儿子刘就为侯国。**守敬按：《史》《汉表》说，刘就封在博阳。《汉表·注》济南，说，而济南无博阳县。《索隐》说《志》在汝南，又与齐国相距很远。所以全祖望依从郦道元说法认为是“傅阳”，而说“博阳”是错的。我私下认为，齐孝王的儿子封在济南为合乎史实。《方舆纪要》载，泰山之庐，战国时号称博阳，因为是在博关的南边（南，属阳）。项羽封田安为济北王，都城建在博阳，就是这个地方。泰山与济南接境。**王莽改它叫“辅阳”了。**朱氏无“曰”（叫）字，戴氏、赵氏增加个“曰”字。**《郡国志》说：偪阳有柤水，**守敬按：《志》作“傅阳”，这是受京氏说法影响，就作“偪阳”。**柤水又向东南流，**朱氏把“东南”讹错为“而南”，赵氏改“而”为“西”（形似也），戴氏把“又东南”改为“又东”。守敬按：柤水不是向西南流的，戴氏的改法是对的。**混入沂水故道又注入沭水，**会贞按：《沂水篇》见前，这是说从沂水河道流不通，又流入沭河故道也流不通，就形成右水、左水二渎，于是注入左水向东流入故渎，即沭水。**称之为柤口，那地方的城因此也叫柤口城**

了。会贞按：《通鉴》载，南朝梁大通（年号）二年（公元528年），北魏泰山太守羊侃南归至渣口。依此《注》则在今沭阳县西。以《齐书·张冲传》为证：张冲遣军主桑係祖由渣口攻拔、虏建陵、厚丘等城。可见这渣口在建陵、厚丘之南，正与此相合，而并非今之浉口啊。（《地形志》载，沭阳郡有渣县，应当就是柤口城。）**向东南流至朐县入游水，注入大海了。**会贞按：游水见《淮水》篇，朐县也见该篇。柤水注沭入游，是柤、沭合流，可以说，柤水就是沭水。所以《淮水》篇说：游水经朐县与沭水会合。今峄县西南，至邳州西南的运河，是柤水故道，东南至沭阳县，西南已淤没。又东至海州南，就是今沭河的河道，沭水过去在此处流入游水，今沭河自沂水县北，向东南流经莒州，又向西南经兰山县、郯城县、沭阳县，又向东流到海州东南入海。

2011年11月18日

后　记

沭阳因位于沭水之阳而得名。祖祖辈辈生活在沭河岸边的沭阳人，就是因沭水丰沛而繁衍生息，拓荒奋斗，实现繁荣兴旺。《沭水春秋》的编纂就是紧紧围绕河道水系为线索，以沭河源头为起点，以时间为先后，从上游至下游，从古至今，记述河道的变迁、灾害治理以及各个不同时期对沭河治理开发利用等方面的情况。同时，有选择地记述了历史文化、人文景观、红色资源等方面的内容。

《沭水春秋》的结构为：第一部分记录沭河流域基本情况；第二部分记述沭河沿岸各市县区的经济社会发展及人脉环境等内容；第三部分是沭河艺文辑存，古诗咏沭河及散文歌颂沭河的美好环境等。

《沭水春秋》在编辑过程中参阅了《新沂市志》《东海县志》《沭阳县志》《沂沭泗河道志》等志书内容，录入了《水经注疏》中的沭河篇中的内容，也得到了社会各界的大力支持，在此我们表示衷心的感谢。

限于编纂水平，加上资料有限，《沭水春秋》在篇章和内容等方面存在不足和错漏，热忱欢迎专家学者和广大读者批评指正。

2015 年 10 月